아깝다
학원비!

대한민국 최초로 밝힌 사교육 진실 10가지, 그리고 명쾌한 해법!

사교육걱정없는세상 지음

비아북
ViaBook Publisher

■ 여는 글

그렇다고 해서
사교육이 다 필요한 것은 아닙니다

사교육 고통과 걱정으로 온 땅이 신음하던 2008년 6월 12일, '사교육걱정없는세상'(이하 우리 단체)은 출범했습니다. 입시 고통으로 인해 한해에 수백 명의 아이들이 죽고, 부모들은 미래를 저당잡힌 채 허우적거리면서도 오랜 동안 우리는 이를 어쩔 수 없는 문제라 방치했습니다. 사교육 걱정 없는 세상은 마치 꿈꾸어서는 안 될 세상, 도무지 오지 않을 미래라고 체념했습니다.

그러나 대한민국을 제외하고 세상 어디에도 이런 고통은 없습니다. 미국, 캐나다, 핀란드, 스웨덴 같은 선진국은 물론이요, 페루, 아르헨티나, 콩고, 우간다 같은 제3세계도 마찬가지입니다. 선진국 후진국 가릴 것 없이 전세계 시민과 아이들은 오래 전 우리가 이룰 수 없는 꿈이라 포기했던 사교육 걱정 없는 세상을 누리며 살고 있습니다. 왜 우리만, 왜 우리 아이들에게만 그런 세상은 결코 오지 않을 것이라 절망해야 합니까?

우리 단체는 이런 문제의식을 붙잡고 출범했습니다. 변화가 필요하다는 점뿐 아니라 변화는 반드시 온다는 확신 속에서 새 운동을 시작했습니다. 도저히 해결할 수 없는 일이니 삶을 낭비하지 말라고 사람들이 만류했지만, 우리는 기어이 '사교육걱정없는세상'의 깃발을 세웠습니다.

새날은 반드시 옵니다! 머지않아 이 땅에도 입시 고통으로 죽어가는 아이들이 사라질 것이며, 무익한 사교육비 경쟁으로 부모들이 삶을 낭비하는 일이 없어질 것이고, 아이들이 자신의 적성과 소질을 따라 직업을 선택하고 사회에 기여하면서 보람을 느끼는 그런 날이 올 것입니다. 우리 단체는 그 믿음을 붙들고 지난 2년 6개월을 달려왔습니다.

첫 성과로 2009년 10월 22일, 소책자 〈아깝다 학원비!〉를 세상에 내놓았습니다. 사교육과 관련한 대표적인 오해 12가지를 정리해서 대답한 대한민국 최초의 보고서이지요. 물론 입시 경쟁이 존재하는 한 사교육은 사라지기 힘들 것입니다. 그래서 입시 경쟁의 문제는 반드시 풀어내야 할 일입니다. 그러나 현재의 입시 경쟁을 인정한다고 하더라도 아이들에게 해롭거나 불필요한 사교육까지 시킬 필요는 없지 않겠습니까?

과연 필요한 사교육은 어떤 것이고, 해롭거나 불필요한 사교육은 어떤 것일까요? 소책자를 준비하면서 가졌던 문제의식은 바로 이것이었습니다. 온 국민이 그 정보에 목말라 하는데, 유감스럽게도 사교육 시장과 학교, 언론, 정부 등 진실을 알고 있는 곳들은 침묵해왔습니다. 더러 말문을 열더라도 부분적인 수준의 발언에 그쳤지요. 그러다가 문득 깨달았습니다.

"아! 누구에게 의지할 일이 아니라, 이 문제로 고통받아온 우리가 직접 나서서 찾아내야 하겠구나!"

지난 1년 3개월 동안 우리 단체는 진실을 캐기 위해 달려왔습니다. 먼저 옆집 이웃이나 언론, 사교육 시장과 학교로부터 들어왔던 '사교육에 관한 대표적 통념'을 분류했습니다. 선행학습, 조기 영어교육, 학원과 성적의 함수관계, 학원과 개별지도, 맞벌이 부부의 고민, 조기유학과 특목고 로드맵 등……. 사교육 통념에 대한 진실을 찾기 위해 전문가들과 만나 수십 차례 토론회를 가졌고, 사교육 관련 연구 성과를 면밀히 분석하여 옥석을 가렸으며, 양심적인 사교육 전문가들을 만나 진실을 청취하고 수차례 강연도 실시했습니다.

지난한 과정을 거친 후 진실의 뚜껑을 열어 보니, 결과는 대단히 놀라웠습니다. 진실은 사교육 통념과 달랐습니다! 때로 사교육 시장의 이해관계로 왜곡되거나 학문적 타당성과 근거가 희박하거나 입시 정책 정보에 대한 이해가 잘못된 오류가 태반이었어요.

이대로 있어서는 안 되겠다고 생각했지요. 우리 단체가 발견한 진실을 온 국민에게 알리기 위해 곧바로 작은 소책자에 담는 작업에 돌입했습니다. 처음에는 10만 명에게 소책자를 배포하자고 목표를 세웠으나 곧 100만 명으로 수정했지요.

운동이 시작된 이후 학교와 생협, 종교기관과 지역 도서관, 심지어 보험사 등이 보여준 뜨거운 반응은 놀랍기만 합니다. 소책자의 내용을 접한 사람마다 기뻐하며, 더 많은 사람들과 이웃들에게 나누어주기 위한 자발적인 배포 운동으로 이어졌고, 1년밖에 안 되는 짧은 시간에 무려 70만 부를 배포하기에 이르렀습니다.

운동이 확산되자 학원가에서 항의가 빗발쳤고, 영업 방해로 검찰에 고발하겠다는 협박도 수차례 받았습니다. 그러나 진실은 위협에도 주눅들지 않았습니다.

"우리 엄마, 아빠가 꼭 봐야 해요!"

학교에서 나누어주는 소책자를 챙겨가는 아이들의 반가운 표정들! 그것은 소책자의 진실이 안겨준 행복이었습니다. 진작 이런 일이 있어야 했습니다.

이번에 내놓는 책 《아깝다 학원비!》는 소책자의 내용을 보다 자세히 풀어 담은 것입니다. 소책자가 보급되는 곳마다 해설 강연을 해달라는 요청이 쇄도했지만 일일이 다 응하지 못해 매번 송구했어요. 방법을 고심하다가 자세한 내용을 풀어 쓴 책이 필요하겠다고 판단하여 단행본 출간을 결심했습니다.

《아깝다 학원비!》는 사교육비가 줄어들고 사교육 불안에서 한결 자유로워지는 것을 넘어, 기성세대가 우리 아이들에게 더 이상 부끄러운 유산을 물려주지 말아야 한다는 각성을 불러일으킬 것입니다. 다 같이 힘을 합쳐 '사교육 걱정 없는 세상, 입시 고통 없는 세상'을 만드는 기적을 보여줄 것입니다. 불가능한 꿈이라고 생각했던 그날이 실현될 것입니다. 우리 단체는 그 확고한 믿음을 품고 이 운동을 시작했고, 그것이 장차 올 현실이 될 것이라는 근거도 충분히 가지고 있습니다. 사교육 걱정 없는 세상이 완성되는 새 역사의 순간을 지켜보는 즐거움은 이 책을 읽은 독자들을 위한 또 하나의 선물이 될 것입니다.

끝으로 〈아깝다 학원비!〉 소책자와 이 책을 출판하는 데 도움을 주신 모든 분들, 특히 전문가 22인께 감사합니다. 온갖 귀찮은 요청에도 기꺼이 정보를 제공해주었고, 때로 자신에게 손해가 갈 수 있는 상황에도 공익을 우선시했던 이분들이 없었다면 이 책은 세상에 나올 수 없었을 것입니다.

2010년 11월
사교육걱정없는세상

책에 도움주신 사교육 전문가 22인 박재원 (비상 공부연구소 소장) | 이범 (교육평론가) | **조남호** (스터디코드 대표) | 이병훈 (에듀플렉스 교육개발 본부장) | **이해웅** ((주)타임교육 하이스트 대입연구소 소장) | **김채현** (전 서강어학원 SLP 강사 및 교육부장) | 엄태현 (유학 상담가) | **이남수** (솔빛이네 엄마표 영어 대표 강사) | **이병민** (서울대학교 영어교육과 교수 · 영어사교육포럼 대표) | **한미현** (엄마표 영어 5년 경력자) | **신을진** (한국사이버대 상담학부 교수) | 김선미 (광주대학교 가정복지 전공 교수) | **류지성** (삼성경제연구소 교육혁신센터장 · 선임연구위원) | **이정주** ((주)코리아 리쿠르트 대표이사) | **진미석** (한국직업능력개발원 선임연구위원) | **이종태** (전 한국교육개발원 연구위원 · 전 한국청소년정책연구원 원장) | **정원일** (사교육걱정없는세상 정책간사) | **김승현** (영어사교육포럼 부대표 · 숭실고 교사) | 윤지희 (사교육걱정없는세상 공동대표) | **송인수** (사교육걱정없는세상 공동대표) | **김성천** (사교육정책대안연구소 부소장) | **남미자** (사교육정책대안연구소 상임연구위원)

■ 우리집 사교육 의존도 테스트

우리집 사교육 점수는 몇 점일까요?

사교육 걱정으로 속 편한 날이 없습니다. 학원에 보내도 걱정, 안 보내도 걱정인 것이 학부모 대부분의 심정입니다. 사교육을 반신반의하면서도 '어쩔 수 없이' 학원에 보내야 한다는 것이 많은 학부모의 생각이지요. 우리 마음을 사로잡는 불안감……. 그것은 입시 경쟁 때문에 생기기도 하지만, 잘못된 정보에 영향을 받은 헛된 감정은 아닌지 진지하게 생각해봐야 합니다. 입시 경쟁이 냉혹하다지만 어떤 가정은 성적의 높고 낮음을 떠나 자녀의 가능성을 믿으며 아이들을 행복하게 키우기도 하니까 말입니다. 그 차이는 무엇일까요?

부모가 불안해하지 않으면 아이들이 나태해지고 방심한다고 생각할지 모르겠습니다. 그러나 아이들은 자기 안에 있는 생명의 힘으로 자랍니다. 이 책은 먼저 부모가 사교육에 대한 과도한 불안감을 내려놓고 아이들을 바로 키울 길을 찾게끔 돕는 수많은 정보들로 채워져 있습니다.

그 정보들을 살펴보기 전에 자신의 현 상태를 먼저 점검해보세요. 그래야 어디서부터 시작해야 하는지 구체적으로 파악할 수 있습니다. 검사지를 만든 이유도 바로 그 때문입니다.

다음의 '우리집 사교육 의존도 테스트'는 말 그대로 각 가정이 얼마나 사교육에 의존하고 있는지 그 정도를 알아보는 자료입니다. 임의로 만든 것이 아니라, 이 책에 담은 열 가지 정보를 토대로 사교육걱정없는세상 사교육정책대안연구소가 시안을 개발하고, 많은 학부모들을 상대로 각각의 검사 항목에 대한 임상실험을 거쳐 완성한 검사 도구예요. 다른 유사 프로그램이 전무합니다. 대한민국 최초로 개발된 검사 도구입니다. (사교육걱정없는세상 홈페이지 www.noworry.kr에 들어오시면 온라인 플래시 검사지로 측정할 수도 있습니다.)

우리집 사교육 의존도 테스트 ※ 매우 그렇다 : 3점 ┃ 약간 그렇다 : 2점 ┃ 거의 그렇지 않다 : 1점 ┃ 전혀 그렇지 않다 : 0점	점수
1. 사교육을 받지 않으면 내 아이가 다른 아이들에 비해 뒤처질 것 같다.	
2. 주위 사람들의 사교육 관련 정보에 소신과 신념이 흔들린 적 있다.	
3. 아이가 공부를 못하거나 성적이 떨어지면 그 해법으로 사교육을 떠올린다.	
4. 아이가 집에서 놀고 있으면 내가 스트레스를 받는다.	
5. 공부 잘하는 아이의 엄마가 추천해주는 사교육 코스라면 따라하고 싶다.	
6. 아이가 학원에 가 있으면 안심이 된다.	
7. 형편이 된다면 사교육을 더 많이 시키고 싶다.	
8. 사교육 없이 공부 잘했다는 수석 합격자의 인터뷰를 신뢰하지 않는다.	
9. 사교육을 통한 선행학습이 학교 공부에 도움이 될 것이다.	

10. 영어 및 수학 과목의 조기교육 효과를 믿는다.

11. 일단 성적을 올려놓아야 아이의 진로 및 적성 탐색에 유리할 것이다.

12. 사교육은 자연스럽게 복습·예습을 유도하여 아이의 학업 성적 향상에 도움이 될 것이다.

13. 조기유학이나 영어캠프가 영어 실력 향상에 도움이 될 것이다.

14. 아이가 학과와 대학 사이에서 고민한다면 대학을 먼저 보라고 권하겠다.

15. 학원은 학교와 달리 학생 개개인의 특성을 고려하여 개별 지도를 할 것이다.

16. 선행학습 중심의 사교육이 복습 중심의 사교육보다 학업 향상에 더 효과적일 것이다.

17. 돈이 많이 드는 사교육일수록 효과도 클 것이다.

18. 아이가 원하면 학원 가는 것을 허락하겠다.

19. 시험이 다가올수록 아이가 사교육에 의존하는 경향이 있다.

20. 내 아이는 학교 진도보다 3개월 이상 빠른 수학 선행 사교육을 받고 있다.

21. 학년이 올라갈수록 아이가 사교육 받는 시간이 늘고 있다.

22. 학년이 올라갈수록 아이의 사교육비 지출이 늘고 있다.

23. 국어·영어·수학·사회·과학 등 교과 패키지형 사교육을 받고 있거나 받을 의향이 있다.

24. 숙제를 많이 내주는 학원이나 과외 선생님을 선호한다.

25. 내 아이는 일주일에 두 과목 이상 사교육을 받는다.

26. 아이의 학업 상담을 학교 선생님보다는 학원 선생님과 많이 한다.

27. 사교육 때문에 아이가 책 읽을 시간이 부족하다.

28. 부모가 시키지 않으면 아이가 집에서 스스로 공부하지 않는다.

29. 부모가 시키지 않으면 아이가 집에서 스스로 책을 읽지 않는다.

30. 아이의 사교육 문제로 부부 싸움을 한 적이 있다.

31. 사교육비 때문에 가정경제에 어려움을 느끼곤 한다.

32. 아이가 사교육을 꺼리거나 거부해서 혼낸 적이 있다.

33. 아이의 사교육 스케줄이 걸린다면 가족의 여가 계획을 바꾸겠다.

합계

합산한 값이 나왔으면 지금부터 처방을 알아봐야겠지요.

80~99점에 해당한다면 **사교육에 심하게 의존하고 있어 아이와 부모 모두 사교육으로 매우 힘겨운 상황입니다.** 당연히 학습 효과도 기대하기 힘들고, 장기적으로는 사교육과 공교육의 피로감이 누적되어 학습 능력과 정서 상태에 장애가 생길 수 있습니다. 사교육을 무리하게 강요하여 아이와의 의사소통에 어려움이 생길 수도 있습니다. 사교육비 부담 역시 커질 테지요. 이제부터라도 사교육 필요 여부를 정확히 판단하여 사교육을 다이어트해야 합니다. 이 책이 잘못된 정보로 인한 불안을 이기는 데 큰 도움이 될 것입니다.

50~79점에 해당한다면 **불안감과 정보 부족으로 사교육에 다소 의존한다는 뜻입니다.** 걱정할 정도는 아니지만 상황에 따라 사교육 의존도가 심화될 가능성이 있습니다. 물론 스스로는 자신이 사교육에 의존한다고 생각하지 않을 수 있습니다. 혹은 불가피한 사교육이라고 생각해서 사교육에 의존할 수도 있고요. 하지만 이런 결과는 사교육에 대한 진실된 정보가 부족하거나 주변의 잘못된 소문에 노출되어 생긴 부작용일 수 있습니다. 이 책은 사교육 시장의 숨은 진실을 담고 있습니다. 사교육 전문가들이 고백하는 학원 사교육의 정확한 실상을 알아가다 보면 올바른 관점을 형성할 수 있을 것입니다.

20~49점에 해당한다면 **매우 건강한 교육관의 소유자입니다.** 사교육에 의존하는 것이 아이에게 해롭다는 것을 잘 알고 있고, 확인되지 않은 불안 정보에 흔들리지 않으려 애씁니다. 하지만 아이가 기대에

못 미치면 가끔 흔들리기도 하지요. 또한 사교육에 대한 의존심은 물리치지만 사교육이 물러간 빈자리를 더 적극적이고 풍성한 자녀교육으로 채우지 못해서 이런저런 고민이 생길 수도 있습니다.

그때마다 이 책이 도움이 될 것입니다. 스스로 부족한 부분이라고 생각되는 내용을 유의해서 살펴본 뒤 실천하면 심리적 불안을 덜 수 있을 거예요. 그리고 생각보다 같은 뜻을 지켜가려는 이웃이 많습니다. 함께 연대를 맺어 정보와 생각을 공유하는 것도 좋은 방법입니다. 사교육으로부터의 독립도 좋지만, 중요한 것은 아이와의 풍성한 교육적 경험입니다. 아이는 다채로운 경험에서 얻은 건강한 생명력으로 스스로 자란다는 것을 잊지 마세요!

0~19점에 해당한다면 **'유기농 자녀 양육형', 즉 사교육의 유혹에 흔들림 없는 자녀교육관을 실천하고 있습니다.** 주변의 많은 학부모에게 귀감이 되고 있어요. 사교육의 폐해를 잘 알고 의존하지 않되, 필요한 경우에 한해서 절제 있고 적절히 활용하거나 혹은 사교육 없이 자녀 교육에 힘쓰며 아이에게 맞는 맞춤형 답을 찾아 실천합니다. 또한 과도한 사교육 정보에 불안해하거나 흔들리지 않고 중심을 잡으며 주변 사람들을 설득하고 권유하여 잘못된 사교육 행태를 바로잡으려 노력하기도 하고요. 물론 그들에게 나누어줄 만한 '자녀 교육 노하우'도 꽤 확보하고 있죠. 그런 의미에서 당신은 '좋은 옆집 이웃'이요 사교육 예방 전도사입니다. 지금까지 힘써온 '유기농 자녀 양육'의 노하우를 주변 사람들에게 널리 알려주세요.

■ **차례** .... |

■ **여는 글** — 그렇다고 해서 사교육이 다 필요한 것은 아닙니다 _4
■ **우리집 사교육 의존도 테스트** — 우리집 사교육 점수는 몇 점일까요? _9

1. 학원에 보냈더니 성적이 오르던데요? _16
   우리집이 달라졌어요 — 어느 전직 학원 강사의 고백

2. 아이가 원해서 학원에 가는 것도
   문제가 되나요? _36
   우리집이 달라졌어요 — 절반은 아이 통장, 절반은 후원!

3. 학교 수업만 어떻게 믿어요?
   학원은 개별지도를 하잖아요 _56
   우리집이 달라졌어요 — 전직 대치동 학원 강사가 교사로 사는 법

4. 맞벌이 가정은 학원 외에 대책이 없어요 _78
   우리집이 달라졌어요 — 자유 시간이 참 없구나!

5. 학원에서 선행학습하면
   학교 진도 나갈 때 효과 있지 않나요? _110
   우리집이 달라졌어요 — 시장에 가면 사회, 자연, 과학이 있다

6. 수학은 어려운 과목이라
   선행학습이 필요하겠죠?　　　　　　　　　　_138
   우리집이 달라졌어요 — 가지는 쳐주되 분재는 만들지 말자

7. 영어교육은 빠를수록 좋은 것 아닌가요?　　_160
   우리집이 달라졌어요 — 엄마, 여름방학 때는 영어학원 쉴래요

8. 요즘 초등학생들의
   단기 조기유학이 필수라던데요　　　　　　_194
   우리집이 달라졌어요 — 한국에서 어떻게 애들을 공부시키려고 그래?

9. 외국어고에 가려면
   학원의 로드맵을 무시할 수 없잖아요?　　　_222
   우리집이 달라졌어요 — 영어, 정말 헛짓했다!

10. 성적을 올려놓으면
    진로 선택에 유리하지 않을까요?　　　　　_242
    우리집이 달라졌어요 — 엄마, 93점이 그렇게 좋아?

■ 닫는 글 — 꿈이 무엇이든 공부가 우선이다?　　_270

1
학원에 보냈더니 성적이 오르던데요?

❝ 3학년 때까지는 학원에 안 보냈죠.
혼자서 공부하게 하고,
제가 신경 써서 챙겨주었어요.
그런데 시험을 보면
공부한 만큼 성적이 나오지 않는 거예요.
저도 답답하고, 아이도 갈수록 자신감을 잃는 것 같고…….
그래서 결국 학원에 보내게 되었죠.
주변 엄마들의 말이 틀리지 않더라고요.
성적이 몰라보게 올랐어요.
학원의 전문가를 무시할 수는 없는 것 같아요. ❞

'아이를 학원에 보내면 학교 성적이 오른다'는 말에 얼마나 많은 학부모가 동의할까? 조사 통계 자료를 보면, 대한민국 학부모 대다수가 학원에 보내는 것이 성적 향상에 도움이 된다고 생각한다는 것을 알 수 있다.

2009년 통계청이 실시한 사교육 실태 조사에서 초등학생 자녀를 둔 학부모의 87.4%, 중학생 자녀를 둔 학부모의 74.3%, 고등학생 자녀를 둔 학부모의 53.8%가 아이들에게 사교육을 시키고 있다고 대답했다. 평균 75%의 학생이 사교육을 받고 있으며, 학생 1인당 월평균 사교육비로 24만 원 이상을 지출한다. 그러나 사교육비를 쓸 수 없는 저소득층까지 이 통계에 반영되었음을 생각할 때 일반 가정의 사교육비 부담은 이보다 더 높을 것이다. 더욱이 가정당 평균 자녀수가 2자녀임을 생각할 때, 한 가정당 월 100만 원의 사교육비는 결코 특수한 사례가 아니다.

2009년 봄, 우리 단체는 서울 목동, 강남, 중계동, 경기도 평촌, 과천, 분당 등 사교육이 특히 심한 지역으로 알려진 곳에 거주하는 초·중학생 1,380명을 대상으로 사교육 실태 조사를 진행했다. 조사 결과, 이 지역의 사교육열이 실제로 매우 심각하다는 사실을 확인했다. 사교육 참여율은 초등학생 86.2%, 중학생 78.1%로 통계청 자료와 큰 차이가 없었지만, 월평균 사교육비는 격차가 컸다. 이 지역의 초·중학생 모두 월평균 60만 원 정도를 사교육비로 쓰고 있었다(초등학생 601,157원, 중학생 601,971원).

자녀의 사교육비로 많은 돈을 지출하는 것은 부모로서 불행한 일이 아닐 수 없다. 자녀 1인당 매달 30~40만 원씩, 두 자녀의 경우 100만 원가량의 사교육비를 12년 동안 저축한다고 가정해보자. 복리로 계산한다면, 충분한 노후 대비 자금이 될 수 있을 것이다. 결국 불안정한 노후를 대가로 자녀의 사교육에 투자하고 있는 셈이다. 왜 이런 선택을 할까?

그것은 지금 대한민국 사회에 만연한 '입시 경쟁이 있는 한 학원을 외면할 수 없다'는 국민적 믿음 때문이다. 단기적으로 보면 이 믿음은 어느 정도 타당할 수 있다. 왜냐하면 학원 사교육은 단기간에 성적을 올릴 수 있는 나름의 '시스템'과 '노하우'를 확보하고 있는 것이 사실이기 때문이다.

그러나 마라톤과도 같은 장기 입시 레이스에서 이 믿음은 자주 '독약'이 된다. 어쩌면 대한민국 학부모의 대부분은 학원이 생산하고 '옆집 엄마'가 전파한 사교육 신화에 속고 있는지도 모른다. 이제부터 그 불편한 진실을 하나씩 들춰내보겠다.

학원은 어떻게 성적을 올릴까?

"내신 상승률 1위! 서부·중부 특목고 합격률 13년 연속 1위! 우등생을 위한 최강 집단 ○○학원에서 중간고사 1등을 선점하라!"

서울 강북 지역에 있는 한 유명 학원의 초등학교 내신 대비 종합반 광고 문구다. 과연 어떤 비결을 가지고 있기에 이처럼 놀라운 실적을 만들어내는 것일까?

학원에서 단기간에 아이들의 학교 시험 성적을 올리는 '비법'이란, 알고 보면 매우 간단하다. 엄청나게 많은 양의 문제를 반복해서 풀게 하는 것이다. 초등학생이라면 더욱 간단하다. 초등학교의 중간·기말고사 출제 범위는 내용이 매우 적다. 이 좁은 범위에서 25문항씩 출제하다 보면, 낼 수 있는 문제가 매우 제한될 수밖에 없다. 교과서를 샅샅이 훑어서 몇 배수의 예상문제를 만들어주고, 반복해서 계속 풀게 하면 시험 성적은 당연히 오르게 되어 있다. 아이가 개념을 제대로 이해했는지에 관계없이 그냥 문제가 기억되는 것이다.

중학생이 되어도 사정은 크게 달라지지 않는다. 전직 학원 강사 J씨의 고백을 들어보자.

> "제가 마지막으로 근무한 학원은 송파구에 있었습니다. 학원의 '나와바리'(영업 구역)에 포함되는 학교가 대략 5~7개였죠. 학원은 이 학교들의 모든 시험 데이터를 적어도 5년 치, 많게는 10년 치 이상 보유하고 있습니다. 중간·기말고사, 심지어 수행평가까지 말이죠. 중학교 시험 문제라는 게 늘 거기서 거기, 사실 뻔하거든요. 물론 학생들은 그렇게 느끼지 않겠지만요. 저는 사회 과목을 담당했는데 '나와바리' 내 학교들의 시험 범위는 대략 교과서 50~70쪽, 시험 문항 수는 20~30개

였어요.

직설적으로 말씀드리죠. 학원이 어떻게 해서 아이들의 점수를 올려줄까요? 개념과 원리를 깊이 이해시킨다? 그건 시간이 너무 오래 걸리는 장기전이죠. 장기전으로는 효과가 즉각 나타나지 않아서 장사가 되지 않습니다. 학원의 입장에서 아이들의 점수는 곧 돈입니다. 학부모가 가장 민감해하는 부분이거든요. 장기적 관점에서는 스스로 학습하는 능력을 키워주는 것이 학생에게 유익하지만, 학원의 목표는 그렇게 원대하지 못하지요."

학교 시험 기간이 되면, 전국의 학원에서 수많은 J씨들이 시험 대비에 들어간다. 보통 시험 6주 전까지 시험 대비집을 만든다. 교과서 내용을 분석하고, 학원에서 수집한 각 학교 선생님들의 수업 자료를 동원한다. 이렇게 각 학교별로 필수 암기 사항을 도표와 그림을 통해 정리해주면, 이따금씩 그것만 읽고도 100점 맞았다는 아이들이 나온다. 보통 기출문제를 포함하여 예상문제를 800~1,000문제 준비한다. 그리고는 아이들에게 자신 있게 말한다. "너희들, 이 예상 문제집만 충실히 풀어. 그럼 100점 나와!" 또 서술형 문제도 150~200문제 제공해준다.

효과는 놀라울 정도다. 어느 정도 기초 학습 능력을 갖춘 아이들이 이 예상문제를 성실하게 풀면 거의 다 100점이 나온다. 그럴 수밖에 없는 것 아닐까? 과목별로 50배수의 문제를 풀게 하는데, 그 같은 결과는 당연한 일이 아닐까?

그런데 아이들은 이 많은 문제를 언제 다 풀까? 한 문제를 푸는 데 30초가 걸린다 쳐도 1,200문제를 한 차례 푸는 데만 열 시간이 걸린다. 다른 과목들도 공부해야 하는데, 아이들은 그 많은 학습 시간을 어떻게 확보할까?

시험 4주 전부터 아이들은 문제 푸는 기계가 된다. 국어, 영어, 수학, 과학, 사회 그리고 다른 과목들. 학원에서 받은 대비집의 문제를 푸는 시간만으로도 학습 노동의 한계 시간을 훌쩍 뛰어넘는다. 아이들이 스스로 정리하고 이해하며 암기할 수 있는 시간이 과연 있을까? 거의 없다고 봐야 한다.

그런데 대비집을 다 풀었다고 해서 끝이 아니다. 대비집을 다 푼 아이들에게는 특별 보너스 문제가 따로 제공된다. 학원은, 수많은 J씨들은, 속으로 이렇게 외치고 있는 셈이다.

"너희는 복잡하게 생각할 것 없다. 그냥 문제만 죽어라 푸는 거다! 그러면 풀어본 문제가 시험에 나오게 되어 있어. 풀다 보면 원리도 개념도 다 잡힌다!" 다시 J씨의 말을 들어보자.

"예를 들어 중1 사회 과목은 한국지리, 세계지리, 역사(역사 일반, 동양사) 파트입니다. 1학기에는 내내 지도 문제가 나오죠. 제가 컴퓨터에 가지고 있던 지도 파일만 1,000개가 넘습니다. 거의 모든 출판사의 교과서에 실리는 지도는 물론, 각종 문제집의 지도 파일을 다 가지고 있었지요. 학교 선생님이 지도를 손으로 그려서 시험에 내지 않는 이상, 모든 지도 문제는 제가 가진 자료 안에서 출제됩니다. 학원은 또 그것을 홍보 수단으로 이용하죠. '○○학교 시험 문제가 우리 학원의 대비집 문제와 똑같은 지도에서 나왔다!' 하고요."

학교 시험에 대비한 학원의 활동은 이처럼 집요하고 철저하다. 그런데 학원에서 철저하게 예상문제를 준비해도 간혹 놓치는 문제가 있다. 학교 선생님이 교과서에서 벗어난 문제를 내거나, 특정 수업 시간에 다룬 내용을 문제로 내는 경우다. 하지만 해결책은 다 있다.

많은 강사들이 공부 잘하면서 자신을 따르는 아이들에게 이런 문제들을 미리 제보해달라고 요청한다. 괜찮은 정보가 들어오면 보상도 충분히 한다. 그 아이의 수행평가에 결정적인 도움을 준다든가, 피자를 사준다든가, 교사용 문제집을 준다든가 하는 식이다. 이처럼 강사가 우수한 학생 정보원을 보유하고 있으면 학교 수업의 내용을 대략 파악할 수 있다. 때로는 수업시간에 던진 선생님의 농담까지도 전해 듣는다. 시험 문제도 3분의 1 가량은 정확히 예측할 수 있다.

각 지역에서 유능하다고 평을 듣는 강사들은 대체로 이 같은 노력을 매우 철저하게 하는 사람들이다. 이것이 단시간에 성적을 올리는 대다수 학원의 '시스템'이고, 강사의 '노하우'다. 이런 '유능한' 강사들은 종종 중간고사에서 48점 맞은 아이를 기말고사에서 100점 맞게 하는 '기적'을 행하며 학부모들에게 신뢰를 주고 자신에게 열광하도록 한다.

그런데 이것이 무슨 큰 문제일까? 방법이 교육적으로 좀 문제가 있더라도, 아이가 학교 시험에서 좋은 점수를 얻는다면 나름대로 의미가 있는 것 아닐까? 그렇지 않다. 학원에서 올려준 시험 점수가 당장은 달콤할지 모르지만, 장기적으로 볼 때 '독'을 삼키는 것과 같다. 현재 학원 사교육의 가장 큰 문제점은 학생들에게 기본 개념과 원리를 충분히 설명하고, 그 학습 내용을 학생이 스스로 익힐 수 있는 시간 여유를 주지 않는다는 것이다. 정상적인 학습 과정은 원리와 개념에 대한 충분한 이해를 바탕으로 이를 응용하여 주어진 과제를 해결하는 것인데, 대부분의 학원 프로그램은 유형별 문제풀이와 과도한 과제로 일관하고 있다.

학원의 문제풀이 방식을 통해 학교 시험에서 만족할 만한 결과가 나왔다 하더라도, 그것은 그 교과목에서 요구하는 학업 성취와 일치하지 않을 가능성이 매우 높다. 그리고 어려서부터 학원식 공부법이 몸에 밴 아이들은 나중에 대학수학능력시험이나 논술 시험에 결코 적응하지 못한다. 그 시험들은 단기적인 단순 반복 기억 능력이 아니라 체계화된 지식 구조와 사고력, 응용력을 측정하기 때문이다.

학원이 제공한 엄청난 양의 예상문제를 풀고 강사가 요약해준 자료를 달달 외워서 100점을 맞는다 한들, 이것이 정말 내 아이의 실력일까? 이렇게 학원에서 만들어진 성적이 오래도록, 적어도 대학입시까지 지속될까? 그리고 장시간 학습 노동에 시달려야만 공부를 잘 할 수 있을까? 더 건강하고 효율적인 공부 방법은 정말 없는 것일까?

학원이 만든 실력,
고등학교에서는 안 통해

'학원에 아이를 맡기면 확실히 성적이 오른다'는 학부모들의 믿음은 지금까지 살펴본 것과 같은 '비법'에 의존해서 반짝, 성적이 일시적으로 상승한 결과에서 비롯한 것이다. 그런데 이 반짝 효과는 엄청난 위력을 발휘한다.

"△△학원에 보내면 확실해요. 영찬이도 두 달 만에 확 달라졌어요!"

"○○학원의 정보력이 대단해요. 선생님이 준 예상문제가 그대로 시험에 나왔어요."

엄마들 사이에 이런 입소문이 퍼지는 것이다. 학부모들 사이의 소문과 평판은 다른 부모들이 학원 수강 여부를 선택하는 데 결정적 영향을 미친다.

통계청의 조사 자료에 따르면, 자녀의 사교육 참여 여부는 거의 전적으로 엄마가 결정한다(초등학생 81.8%, 중학생 71.2%). 그리고 엄마들은 관련 정보를 대부분 주변 학부모에게서 얻고 있다(초등학생 68.1%, 중학생 59%). 대부분의 부모가 '옆집 엄마'의 영향을 받아 학원을 선택하는 것이다. 엄마들 사이의 평판은 한 학원의 흥망을 좌우할 정도로 무섭다.

그러나 소문과 평판, 단기 성적 상승의 단맛 때문에 아이들을 학원에 보내는 것은 되도록 삼가야 한다. 특히 전과목 학교 시험을 대비해주는 종합학원에 보내는 것은 금물이다. 아이들이 학원의 시험 대비 시스템에 길들면 점차 혼자 공부하는 능력을 잃어버리기 때문이다. 혹시 불가피하게 학원에 보내야 한다면 꼭 필요한 것만 섭취하고 빠져나오는 합리적인 전략이 필요하다.

공부의 핵심은 혼자서 스스로 하는 능력이다. 특히 대학수학능력시험은 깊은 사고력을 측정하는 시험이라서 장기간 학원에 의존하여 성적을 올려온 아이들은 적응하기 어렵다. 2002년 한국교육개발원에서 전국 중1~고2 학생 2만 명을 대상으로 실시한 '학원 효과 연구' 결과는 그 사실을 뚜렷이 보여주었다. 중학생 때부터 학원을 다닌 학생들의 성적이 고2

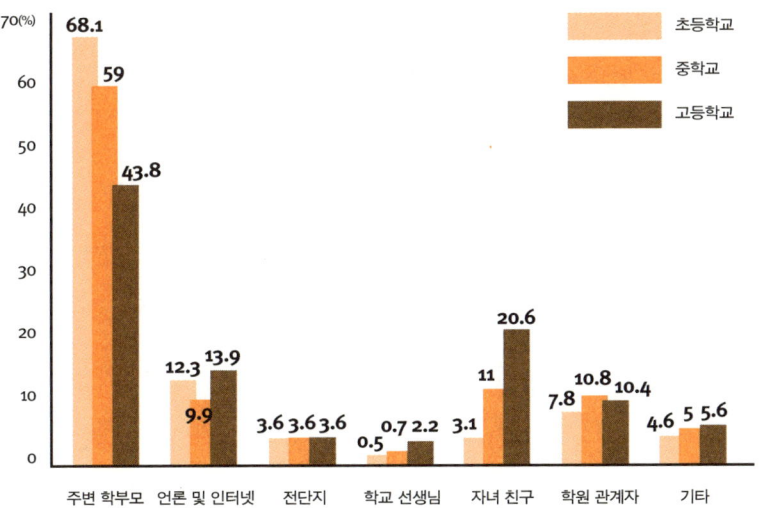

"옆집 엄마의 한마디가 학원 선택시 결정적 요소예요"
― 사교육 정보 획득 경로

※ 출처 : 2009년 통계청 사교육비 조사 자료

1. 학원에 보냈더니 성적이 오르던데요? 25

학원 사교육이 고급 사고력을 키워주지 못한다는 사실을 체계적으로 밝혀낸 이종태 전 한국교육개발원 연구위원. 학원 사교육에 길든 아이들의 성적이 고2 때부터 하락하는 현상이 확인됐다.

때 하락하는 현상을 보인 것이다. 이 연구의 책임자였던 이종태 전 연구위원은 "중학교 시절의 오랜 학원 경험이 고급 사고력을 측정하는 고교 시험과 수능을 대비하는 데 도움이 안 되고 오히려 방해가 된 것"이라고 분석한다.

김태일 고려대학교 교수가 연구한 〈사교육의 효과, 수요 및 그 영향 요인에 관한 연구〉(한국교육개발원, 2004) 논문을 보면 재미있는 결과가 제시되어 있다. 사교육을 받은 집단과 받지 않은 집단의 내신 성적, 수능 점수, 대학 학점을 비교 분석했는데, 결과가 놀라웠다. 사교육을 받지 않은 집단이 사교육을 받은 집단에 비해 내신 성적, 수능 성적, 대학 학점 모든 영역에서 더 높은 점수를 획득한 것이다!

특히 주목할 사실은 고3 때 사교육을 받은 학생들의 대학 성적이 그렇지 않은 학생에 비해 저조한 것으로 나타났다는 점이다. 왜일까?

적어도 시험을 앞두고는 스스로 공부하면서 덜 중요한 것과 중요한 것을 구분하고, 내가 모르고 있는 것이 무엇인지를 찾아가며 보강하는 작업을 해야 한다. 그런데 사교육 의존도가 높은 학생일수록 '듣는 공부' '구경하는 공부'에 익숙해서 스스로 되새김질하는 작업을 소홀히 여길 가능성이 크다. 한마디로, 자기주도적인 학습 시간을 충분히 확보하

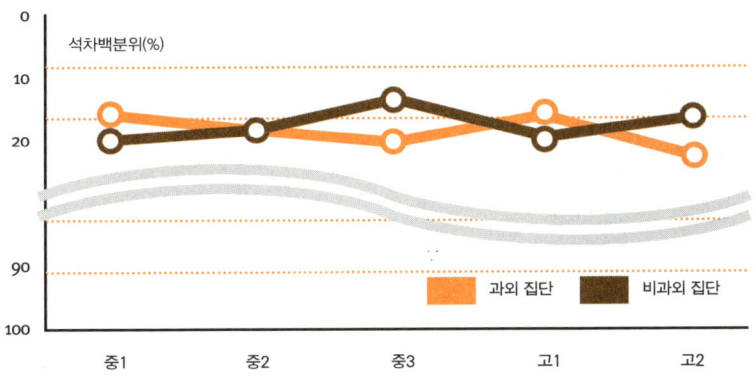

"학원 다닌 상위권 학생들, 고2 때 수학 성적 떨어져요"
— 고2 상위권 학생들의 수학 성적 비교도

※ 출처 : 〈선행학습 효과에 관한 연구〉, 이종태 외, 한국교육개발원, 2002

지 못한다는 것이다.

입시 지도 경험이 풍부한 교사들과 학원 강사, 사교육 전문가 들도 하나같이 "학원에서 만든 실력은 고등학교 때 안 통한다"는 증언을 내놓고 있다. 학원가의 명강사로 이름을 날렸던 이범 전 메가스터디 강사는 "공부하는 테크닉은 학원 진도를 따라가는 방식으로는 절대 만들어지지 않는다"고 잘라 말한다. 그의 말을 더 들어보자.

"학원에 의존하는 학생은 혼자서 공부하는 습관이 길러지지 않아요. 이른바 '학원발'로 성적을 유지하던 학생들 가운데 상당수가 고교에서는 성적이 추락하는 경우가 많죠. 학원에 의

이범 교육평론가는 공부 기술의 중요성을 강조한다. 사교육으로는 자기 성향에 맞는 공부 기술을 익히기 힘들다.

존하는 학생들은 학원 숙제에 치여서 스스로 복습하는 방법을 체득하지 못하기 때문입니다."

공부가 완성되려면 수업과 자습의 연결이 반드시 필요하다. 그런데 학원에 다니는 아이들의 일과를 보면 자습할 수 있는 시간 여유가 턱없이 부족하다. 결과적으로 완성되지 못한 공부, 자습과 연결되지 않은 수업의 과잉 상태에 빠져 있는 것이다.

학원에서 이루어지는 문제풀이 중심의 학습이 학생들의 실력 향상과 장기적인 성적 상승으로 이어지지 못하는 이유는, 경제성과 생산성이 매우 떨어지는 학습 방법이기 때문이다. 실력과 성적은 누가 진도를 더 빨리 나갔는가, 누가 더 여러 번 공부했는가가 아니라 학습 내용을 얼마나 정확하게 기억하며 이해하는가에 달렸다. 그런데 학원이 주도하는 공부의 양적 경쟁은 자기주도학습이라는 핵심을 놓치고 있기 때문에 공부 시간 대비 효율이 심각하게 낮은 게 현실이다. 학생과 선생님들의 생생한 이야기를 차례로 들어보자.

"학원에 가면 선생님들이 문제를 죄다 풀어주니까 내가 모르는 게 뭔지도 모르고 넘어가게 되더라고요. 멍하니 앉아서 선생님이 문제 푸는 모습만 바라보다 오는 경우도 있고요. 자기 손으로 직접 문제를 풀어봐야 모르는 게 뭔지 알 수 있고, 그래야 나중에 선생님께 질문도 할 수 있죠. 그러려면 혼자 공부하는 시간이 많아야 하지 않을까요? 제 친구들 중에는 학원 다니는 게 시간 낭비라는 것을 알면서도 괜히 불안해서 학원을 끊지 못하는 아이들도 많아요." — **이현지(고등학생)**

"학원에 길든 학생들은 고등학교에 가서 최악의 상태를 맞습니다. 중학생 대상 학원은 수학도 문제를 찍어줍니다. 내신 기출문제에 맞춰서 수업을 하고, 학교 교사들의 출제 성향을 분석합니다. 결국 아이들은 주워 먹는 것이고, 스스로 공부하는 것이 아닙니다. 그래도 중학교에서는 학원 학습을 통해서 내신 관리가 됩니다. 하지만 고등학교에 진학하면 처음부터 막막해지죠. 중학교 때 습관이 고등학교에서는 마이너스가 됩니다." — **고성민(고등학교 교사)**

"중학교 3년 동안 학원 중심으로 공부한 아이들은 고등학교 모의고사를 보면서 죽으려고 합니다. 중학교에서 두 단원씩 찍어서 외우는 식으로 공부해왔기 때문에 적응하지 못하는 것입니다." — **신태호(고등학교 교사)**

"사교육에 익숙해 있는 학생들은 시험을 앞두고도 학원에 가려고 해요. 자습 시간을 주어도 제대로 공부하지 못합니다. 야간 자율학습 시간에 무엇을 어떻게 해야 할지 몰라서 대충 시간을 때우는 경향이 있죠. 어릴 때부터 사교육을 많이 받은 학생일수록 그런 경향이 강합니다. 한마디로 남이 떠먹여주는 공부에 익숙해져 있다고 볼 수 있죠." — 김성천(고등학교 교사)

학원 사교육의 가장 큰 문제점은 학생들이 자기주도적 학습 방법을 터득할 기회를 막아버린다는 것이다. 더 솔직하게 말하면, 대부분의 학원은 스스로 공부하는 능력이 있는 학생보다 학원에 의존하는 학생을 더 선호한다. 그래서 엄청나게 많은 분량의 지식을 머릿속에 우겨넣고 계속해서 학원 강의에 끌려다닐 수밖에 없도록 학생들을 몰아붙인다. 이렇게 훈련된 아이들은 대학에 입학하는 순간까지 결코 홀로서기에 성공할 수 없다.

아이가 아플 때마다 항생제를 먹이면 당장 병을 치료하는 데는 효과가 있지만 면역력은 점점 떨어진다. 마찬가지로 사교육 의존도가 심화될수록 학생들의 자기주도적 학습 능력은 떨어질 가능성이 높다. 학원의 시험 대비 시스템은 확실히 아이의 실력보다 점수를 부풀리는 효과가 있다. 그러나 아이에게 정말 중요한 것은 더 긴 안목으로 스스로 공부하는 법을 터득하는 것이다. 긴 공부의 마라톤에서 진짜 경쟁력을 갖는 길은 바로 그것뿐이다.

하나. 아이를 학원에 보내면 단기간에 학교 성적이 오르는 효과를 보는 경우가 많습니다. 하지만 주변 학부모들이 그런 경험담을 이야기하더라도 초조해하거나 조급해하지 마세요. 학원에서 만들어진 실력은 아이의 진짜 학업 능력이 아닙니다. 게다가 학원에 의존하는 아이들은 정작 중요한 고등학교 공부에 적응하지 못하는 경우가 많거든요.

왜 그럴까요? 고등학생들은 대부분의 시간을 학교에서 보냅니다. 평일에는 학원에 가지 못하고 학교에 남아 야간 보충수업과 자율학습을 해야 하죠. 그래서 이 시간에 혼자서 공부할 수 있는 능력이 있느냐가 성적을 좌우하는 핵심 요인이 됩니다.

누가 옆에 붙어서 이끌어야 성적을 올리는 공부를 언제까지나 끌고 갈 수는 없습니다. 스스로 상황에 굴하지 않고 공부에 집중할 수 있는 힘을 키우는 것이 중학생 때의 가장 중요한 과제입니다. '치고 올라가는 능력'이 있으면 고등학교에 진학해서도 걱정할 일이 없습니다. 그런데 이 능력은 학원에서 가르쳐주는 것이 아니죠.

둘. 아이가 수업시간에 얼마나 집중하는지 확인해보고, 수업에 집중하는 것이 공부의 중요한 기초라는 사실을 알려주세요. 교과서와 노트 필기 상태를 보면 수업시간 태도를 짐작할 수 있습니다. 학교에서 보내는 시간을 허비하면서 사교육을 통해 좋은 성과를 얻기는 어렵습니다. 사교육의 본질은 학교 교육을 대체하는 것이 아니라 보완하는 것임을 잊지 마세요.

셋. 꼭 학원에 보내야 할 상황이라면 현명한 전략을 취하세요. 무엇보다 내신 대비 전과목 학원은 보내지 말아야 합니다. 아이가 학원의 시험 대비 시스템에 길들면 스스로 공부하는 능력을 잃어버리기 때문이에요. 또한 전과목을 다 학원에서 다루어주면 복습할 시간이 없습니다.

학원에서는 문제풀이와 복습까지 다 시켜준다고 하겠지만, 공부의 핵심은 '자기 관리 능력'입니다. 학원이 아이들의 공부를 관리해주는 편리함은 장기적으로 독이 되죠. 사교육을 이용하는 현명한 전략이란 부족한 과목을 중심으로 한시적인 도움을 받는 것입니다. 필요한 기간 동안 필요한 과목만 수강하는 현명함이 필요합니다.

넷. 집에 오면 숙제와 복습부터 하는 습관을 길러주세요. 마치 식사를 한 뒤 양치질을 하는 것처럼 복습도 습관화하도록 지도해주세요. 처음에는 지도하는 일이 번거롭지만, 한번 습관으로 자리 잡으면 부모도 편하지만 무엇보다 장기적으로 아이에게 큰 도움이 됩니다. 그날 배운 것에 대해 부모에게 말해보도록 하고, 그 내용을 소재로 대화를 풀어가는 것도 훌륭한 복습 방법입니다. 교육학 이론에 따르면, 자신이 공부한 것을 다른 사람에게 들려줄 때 학습 효과가 더욱 커진다고 합니다.

다섯. 중학생 때는 자기만의 '공부 기술'을 반드시 터득해야 합니다. 주어진 문제를 한정된 시간 안에 풀어내는 자신만의 방법, 공부한 내용을 오래 기억하는 방법, 자주 반복하는 실수를 교정하는 방법 등은 아이들이 문제 상황을 직시하고 자신의 특징과 약점을 알 때 가능한 학습 전략입니다.

물론 일반적인 학습 원리라는 것이 있으므로 공부 멘토나 시중의 학습법 도서를 통해 일시적으로 도움받을 수 있습니다. 그러나 공부란 본질적으로 스스로 끙끙거리면서 자신의 실패를 확인하고, 이를 토대로 시행착오를 줄이는 외로운 싸움을 얼마나 해낼 수 있느냐의 문제입니다. 만약 이것을 모든 과목에 적용하기 힘들다면 좋아하는 과목부터 시작해서 하나씩 성과를 내도록 지도하세요. 그 뒤에 전과목으로 확대 적용하기는 비교적 쉽습니다.

우리집이 달라졌어요
어느 전직 학원 강사의 고백

정원일 (전직 학원강사, 경기 성남 분당구)

저는 전직 학원 강사입니다. 서울 초·중·고 보습학원 및 특목고 입시학원에서 근무하다 약 5년 만에 그만뒀습니다. 강사 생활의 지속 여부에 관한 저의 고민은 영리기관으로서의 학원 시스템에 대한 여러 불신 또는 불만에서 기인하기도 했지만, 무엇보다 학원 사교육을 통해 학생 개개인의 실력을 정말 끌어올릴 수 있는가라는 근본적인 회의가 컸습니다.

제가 만났던 대부분의 학부모님은 학원에 아이를 맡기는 것이 성적 향상에 분명한 도움이 된다는 믿음을 갖고 있었습니다만, 안타깝게도 제 경험으로 보자면 근거 없는 믿음에 불과했습니다. 간단히 몇 가지 정보를 알려드릴게요.

학원 수강과 성적 향상의 직접적인 상관관계는 있기도 하고 없기도 합니다. 그러나 관계없는 경우가 더 많습니다. 학원 수강으로 점수가 오르더라도 그것이 학생의 진짜 실력인 경우는 드물고, 높은 점수 역시 지속 가능한 실력의 질적 향상과는 거리가 멉니다. 학원 수강은 단기적으로 눈앞의 시험에는 약이 될 수 있겠지만, 대입 또는 그 후까지 고려한다면 득보다 실이 큰 독임을 아셔야 합니다.

제가 지도했던 정호(가명)의 이야기를 하고 싶습니다. 중1부터 고2까지 5년간 지도했던 친구인데, 원래 기본적인 학습능력이 뛰어나 다행히 점수는 5년 동안 유지되었습니다. 그러나 학년이 올라가면서 공부할 양이 늘고 난이도가 높아지자 과목 자체에 대한 흥미와 관심을 잃어버렸습니다. 마지막 학기에는 학원 등원 자체를 거부해서 부모님과 저를 당황시키기도 했고요. 정호가 제가 가르치던 과목 자체를 거부한 사건은 제게 엄청난 충격이었습니다.

자기주도적 학습능력이 있는 친구들은 학원 프로그램을 적절하게 활용할 경우 보다 좋은 성적을 거둘 가능성이 있습니다. 그렇지만 끝까지 간과해서는 안 될 중요한 사실은, 학원은 결코 학생들의 자기주도적 학습능력을 길러주지 못한다는 것입니다. 아니 더 정확하게는 학생들의 자기주도적 학습능력 신장이 학원 입장에서는 결코 달갑지 않은 일입니다.

현명한 부모와 학생이라면 어떤 선택을 해야 할까요? 너무나 뻔한 교과서적인 해답이지만, 결국 공부의 정도는 자기주도적 학습입니다. 그리고 학원 사교육으로는 결코 그 길을 찾을 수 없고요.

2
아이가 원해서 학원에 가는 것도 문제가 되나요?

" 공부하기 싫어하는 아이를
억지로 학원에 보내는 것에는 저도 반대해요.
마지못해 학원에 가 앉아 있다고 해서 공부가 될 리 없겠죠.
하지만 저는 아이에게 떠밀려서 학원에 보내기 시작했어요.
공부를 열심히 해보겠다며 학원에 보내달라는데,
밀어주지 않을 수 있나요?
아이가 자발적으로 학원에 가는 경우에는
학습 효과도 높다고 생각합니다. "

아이가 알아서 공부를 하겠다는데 부모로서 이처럼 기분 좋은 순간이 또 있을까? 하지만 이때도 흥분을 가라앉히고 따질 것을 꼼꼼히 따져볼 필요가 있다.

먼저 학원에 보내달라는 아이의 요구가 정말 타당한 것인지 구체적으로 알아보아야 한다. 아직 어린 아이들의 자가 진단이 모두 맞다고만 볼 수는 없기 때문이다.

"학교 선생님이 설명하시는 것을 알아듣기가 힘들다"고 호소하는 아이들 중에는 스스로 공부하는 습관이 되어 있지 않거나, 방법을 모르는 경우가 많다. 공부를 하고 싶기는 한데 혼자서는 잘 되지 않는 것이다. 이럴 때는 성급히 학원에 보낼 것이 아니라 학교 수업을 충실히 듣고, 매일 꾸준히 복습하도록 이끌어주는 것이 필요하다. 간혹 친구들과 어울리고 싶어서 학원에 가겠다고 하는 아이들도 있으니, 깊은 대화를 통해 아이의 욕구를 정확히 진단해볼 필요가 있다.

학원에 보내는 문제를 적극적으로 고민해야 할 때는 아이가 실제로 특정 과목이 취약해서 별도의 도움이 필요하다고 판단할 경우다. 그러나 이때도 다음 세 가지 원칙을 지켜야 한다.

첫째, 학원 수강은 아이가 취약한 과목 한두 가지로 한정한다. 어떤 경우에도 세 과목 이상 학원에 다니는 것은 해로우며, 전과목 시험 대비 종합학원에 보내는 것은 물론 안 된다.

둘째, 아이와 학원 수강은 한시적으로 한다는 약속을 한다. 학원 수강 기간이 길어지면 사교육의 부작용을 벗어나기가 어렵기 때문이다.

셋째, 아이의 부족한 점을 실질적으로 보충해줄 수 있는 학원을 찾아야 한다. 강의 수준이 아이에게 맞고, 선행학습이 아니라 보충·심화학습 프로그램을 운영하는 곳을 선택해야 한다. 그런데 막상 알아보면 이런 학원을 찾기가 쉽지 않다. 그래서 학원에 보내는 문제를 매우 신중하게 생각해야 하는 것이다.

이제부터 왜 이 세 가지 원칙이 중요한지 하나씩 알아보기로 하자. 첫째와 둘째 원칙은 이 장에서 다루고, 셋째 원칙에 관해서는 이어지는 3장과 5장에서 본격적으로 살펴보겠다.

두뇌의 메커니즘과 공부의 비밀

"일반적으로 학원에서는 한 과목당 하루 두세 시간, 주당 2일 정도 수업을 합니다. 두 과목만 들어도 일주일에 4일을 학원 수업에 쏟는 셈입니다. 하루에 두 과목을 듣는다면 수업만 4~6시간인데, 그날 복습은 포기해야 하죠. 학원 숙제는 또 얼마나 빡빡합니까? 두 과목이 마지노선이에요. 더 이상 수업을 듣게 되면 사교육 효과는 오히려 감소합니다."

㈜비상 공부연구소 박재원 소장의 충고다. 박 소장의 말처럼 아이들이 원한다 해도 두 과목 넘게 학원 수업을 들으면, 얻는 것보다 잃는 것이 더 많다. 왜일까? 아이들이 그날 배운 것을 자기 것으로 삼는 데는 복습이 가장 중요한데, 그 시간을 확보할 수 없기 때문이다.

대치동 학원가에서 '박보살'이라는 별칭으로 유명한 박재원 소장. 사교육업계가 부풀린 정보를 예리하게 지적해낸다.

학자들의 연구 결과에 따르면, 초등학생은 하루 두 시간, 중학생 이상은 세 시간 이상을 그날 배운 것을 혼자서 복습하는 데 사용해야 한다. 만약 이 시간을 확보할 수 없을 만큼 학원 수강 시간이 빠듯하게 짜여 있다면, 빨리 과목 수를 조정해야 한다. 그것은 학원비를 낭비하는 것만이 아니라 성적 향상에도 해로운 일이기 때문이다.

학습 지도 경험이 풍부한 전문가들은 한목소리로 '스스로 하는 복습'을 공부를 잘하는 데 필요한 핵심 요소로 꼽는다. 왜냐하면 공부에서 가장 중요한 것이 '기억'이기 때문이다.

공부에서 복습이 중요하다는 사실을 과학적으로 뒷받침한 사람은 독일의 심리학자 헤르만 에빙하우스(Hermann Ebbinghaus)다. 다음 그림은 그가 16년간 인간의 기억을 연구한 끝에 밝혀낸 '에빙하우스의 망각 곡선'이다.

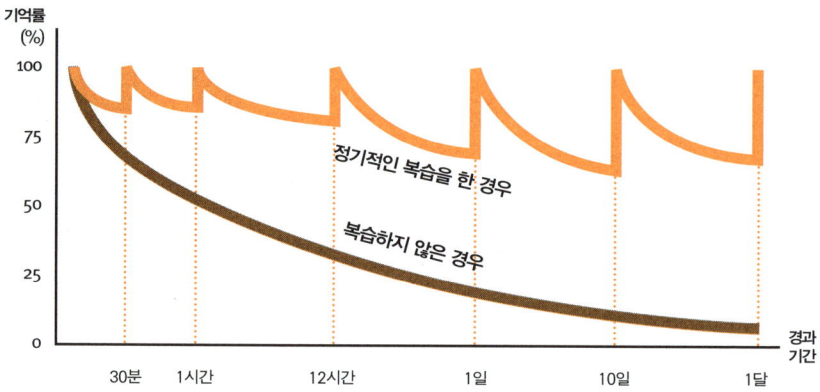

망각곡선에 따르면 사람의 두뇌는 무엇을 배운 뒤 10분이 지나면 잊기 시작한다. 그리고 한 시간 뒤에는 50%, 하루가 지나면 70%를 잊어버리며, 한 달 뒤에는 80%를 잊는다. 그날 학교에서 배운 내용을 24시간 이내에 복습하지 않으면 70% 이상을 잊어버린다는 뜻이다.

복습은 이 같은 두뇌의 망각 속도를 늦추고 기억을 강화시키는 탁월한 학습 방법이다. 공부 잘하는 학생은 배운 내용을 제때 복습해서 오랫동안 기억하는 학생이며, 복습 없이 학교와 학원에서 계속 수업만 듣는 것은 공부에 가장 해로운 '독'이 되는 것이다.

최신 뇌과학의 연구 성과를 학생들의 공부에 접목시켜온 박재원 소장의 안내에 따라 두뇌와 공부의 비밀을 좀더 자세히 들여다보자. 20세기 후반에 들어와서 우리는 두뇌가 기억하고 저장하는 모습을 있는 그대로 확인할 수 있게 되었다. 뇌 영상 촬영 기술 덕분에 그동안 추측에 머물렀던 뇌의 신비가 하나씩 베일을 벗기 시작한 것이다.

뇌과학의 연구 성과에 따르면, 사람의 두뇌는 단순히 퍼 담는다고 해서 채워지는 빈 그릇이 아니라 독자적으로 움직이는 매우 정교한 시스템이다. 기억과 관련하여 우리 두뇌는 단기기억, 장기기억이라는 두 개의 시스템을 가지고 있다. 단기기억은 기억을 임시로만 저장하는 것이다. 외부에서 들어온 정보를 처리(작업)하는 과정에서 임시로 저장된 기억으로, 작업기억이라고도 한다.

단기기억은 저장 용량이 매우 제한되어 있고 불안정하다. 혹시 누구랑 한창 대화를 나누다가 순간적으로 내가 말하려는 의도를 잊어서 당황한 적이 있는가? 그럴 때 그 책임은 단기기억에 있다. 단기기억은 뇌의 해마가 담당하며, 기억을 보존하는 기간은 1개월이다.

반면 장기기억은 두뇌의 주요 자료 보관소다. 측두엽이 담당하며, 한 번 장기기억으로 저장되면 좀처럼 잊지 않는다. 저장 용량도 무한대에 가깝다. 누군가 알려주어서 전화기 버튼을 누르는 동안만 기억되는 전화번호가 단기기억이라면, 자기 집이나 친한 친구의 전화번호처럼 언제든지 떠올릴 수 있는 기억은 장기기억이다.

그런데 왜 우리의 뇌는 기억을 단기와 장기로 구분할까? 여러 가지 이유가 있겠지만, 분명한 것은 두뇌가 스스로 기억할 내용을 선택하기도 하고 버리기도 한다는 사실이다. 우리의 뇌는 스스로 판단해서 오래 보관할 가치가 있다고 판단되는 정보만 장기기억의 창고로 가져간다.

만약 처음부터 장기기억이 만들어진다면 얼마나 좋을까? 공부가 식은 죽 먹기보다 쉬울 것이다. 그러나 두뇌는 공부만을 위해서 작동하는 것이 아니다. 또 두뇌는 자기 내부가 쓰레기로 가득 차는 것을 용납하지 않는다. 새로 들어온 정보가 오래 기억할 가치가 있는 것인지 철저하게 따지면서, 우리에게 적합한 절차와 방법을 요구하고 있는 것이다. 우리는 그 절차와 방법을 통해 장기기억으로 들어가는 문의 열쇠를 찾아야 한다.

두뇌는 정말 냉정하다. 자신의 요구 조건을 무시한 공부는 철저히 지워버린다. 매일 밤늦도록 학원에 다니면서 성실하게 공부해도 노력한 만큼 성과가 나오지 않는 것은 공부 시간이나 노력이 부족해서가 아니라 장기기억이 만들어지는 두뇌의 절차와 방법을 따르지 않았기 때문이다.

그 절차와 방법이란 무엇일까? 바로 우리가 공부한 내용을 두뇌가 오래 저장해두어야 할 가치 있는 정보로 인식하도록 만드는 것이다. 여기서 가장 중요한 것이 다음 세 가지인데, 이것을 '공부의 3요소'라고 불러도 좋겠다.

첫째, 공부를 대하는 긍정적인 마인드, 적극적인 학습 태도. 둘째, 적절한 시간에 꾸준히 규칙적으로 하는 자기주도의 복습. 셋째, 스스로 터득한 자신의 특성에 맞는 공부 기술. 이 세 가지야말로 많은 학부모와 학생들이 궁금해 하는 '공부 잘하는 비법'인 셈이다.

따라서 두뇌가 오래 저장해두어야 할 가치 있는 정보로 인식하고 이를 장기 기억으로 만들기 위해서는 즐거운 마음 상태에서, 꾸준히 규칙적으로 자기주도의 복습을 할 때 가능하다는 것이다.

인기 강사와
스파르타식 과제의 허상*

"아이에게 꼭 필요한 경우가 아니라면 학원에 보내지 마라."
"아이가 학원에 다니기를 원해도 먼저 꼼꼼히 따져보라."
"학원에 보내더라도 두 과목을 넘으면 안 되고, 수강 기간도 제한해야 한다."

우리 단체는 왜 이토록 학부모들에게 사교육에 신중하라고 당부하는 것일까? 그것은 '경쟁과 도태'라는 시장 논리 아래서 운영되는 대부분의 학원 교육 시스템이 앞에서 이야기한 '공부의 3요소'와 완전히 어긋나는 일이 많기 때문이다.

학원 경영의 관건은 치열한 경쟁 속에서 더 많은 수강생을, 더 오래도록 확보하는 것이다. 그것을 위해 학원은 고객인 학부모들이 당장 피부로 느낄 수 있는 학교 내신 성적과 함께 다음 두 가지에 운명을 걸다시피 한다. 바로 인기 강사와 스파르타식 과제다. 앞 장에서 살펴본 내신 성적과 함께 인기 강사, 스파르타식 과제를 '학원의 3요소'라 불러도 좋겠다.

---

* 조남호 스터디코드 대표가 2009년 8월 '선행학습 실상과 효과를 따져 묻다' 3회 연속 토론회 때 발표한 내용을 기초로 정리했다.

인기 강사

학원가에서 좋은 평가를 받는 인기 강사들은 대부분 두 가지 특징을 가지고 있다. 첫째, 강의가 재미있고 화려하며 둘째, 수강생 관리를 잘한다. 강의를 쉽고 재미있게 하는 것은 강사로서 갖춰야 할 매우 중요한 능력임에 틀림없다. 그러나 내용 없는 쇼맨십은 문제가 된다. 수업시간에는 끊임없이 수강생들을 웃기고, 수업 외 시간에는 학생들에게 휴대전화 문자를 보내며 유대 관계를 돈독히 하는 강사들이 있다. 강사의 실력을 판단하기 힘든 학부모와 학생들은 이런 쇼맨십에 넘어가는 일이 많다. 아이가 수업시간에 졸지 않고 선생님을 정서적으로 따른다는 것만 해도 확실하게 눈에 보이는 효과이기 때문이다.

시험에 나올 만한 문제를 콕 짚어주는 '족집게'도 쇼맨십의 일종이다. 자신만의 공식을 만들어 답을 단번에 찾을 수 있게 해주는 것 역시 쇼맨십이다. 이런 강사들이 아이들 사이에 인기가 있다. 강사가 말해준 대로 하면 당장 정답을 맞힐 확률이 높기 때문이다.

그러나 이런 식의 강의는 대학 입시를 준비하는 데 궁극적으로 필요한 실력을 키워주지 못한다. 학생의 자생력을 키워주지 않고 강사가 찍어주는 문제만 맞히도록 길들이는 것이다. 초등 시절부터 이런 사교육에 길든 아이들은 고등학생이나 대학생이 되어서도 사교육 없이는 공부하지 못하는 '학습 무능력자'가 되기 쉽다.

우리 단체가 김춘진 국회의원실과 함께 서울, 경기 지역의 15개 외국어고 학생 1,567명을 상대로 실시한 조사에서 "나는 사교육 없이도 공

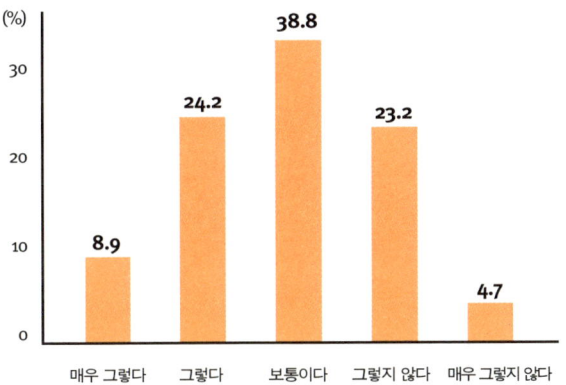

"외고생 70%, 사교육 없이 혼자 공부 잘할 자신 없어요"
— 사교육 없이도 공부를 잘할 수 있는가

※ 출처 : 외고 문제 5회 연속 국민 대토론회 자료집, 2009

부를 잘할 수 있다"고 응답한 학생은 33.1%에 불과했다. 외고생 열 명 가운데 일곱 명 가까이가 독립적으로 학습할 능력을 갖추지 못했다고 생각하고 있는 것이다. 또 이른바 명문대에 진학해서도 과외를 받는 학생이 적지 않은 현실에서 사교육의 심각한 해독을 실감할 수 있다.

스파르타식 과제

왜 학원은 아이들이 쩔쩔 맬 정도로 숙제를 많이 내줄까? 시험 성적은 결과일 뿐 과정이 아니다. 그런데 학원은 학부모들에게 아이가 학원에 다니는 과정 자체를 눈에 와닿게 보여주고 싶어 한다. 이때 학원이 즐겨 쓰는 방법이 스파르타식 과제다.

아이는 학원 숙제만으로도 힘겨워한다. 새벽 1~2시까지 학원 숙제를 하느라 잠을 자지 못하는 날도 많다. 그러면 엄마는 '학원에서 제대로 공부시키고 있구나'라고 생각한다. 하지만 착시 효과일 뿐이다. 대부분의 초·중학생이 이 과정에서 공부에 질리게 된다. 고등학교에 올라오기도 전에 공부라면 치를 떠는 아이들이 나타나는 것도 학원 사교육의 부작용 중 하나다.

아이들이 과중한 학원 숙제를 학교에서 해결하느라 정작 중요한 학교 수업에 집중하지 못하는 일도 적지 않다. 한 조사에 따르면, 초·중학생의 55.2%가 학원 숙제를 학교에서 한 경험이 있었다. 당장 발등에 떨어진 불을 끄느라 더 크고 중요한 것을 희생하는 것이다.

서울 목동의 한 초등학교에서 근무하는 윤소영 교사는 다음과 같이 말한다.

"학교 숙제는 건성건성 해도 학원 숙제가 밀려 있으면 신나게 놀 점심시간에조차 눈에 불을 켜고 앉아 숙제하는 아이들을 종종 봅니다. 더군다나 그 아이들이 대부분 학교 수업시간에는 집중하지 않고 계속 딴짓하는 아이들이어서 씁쓸합니다."

게임 중독 못지않은
학원 중독

"엄마, 전 영어 리딩 연습이 더 필요해요. 학원에 다니면 도움이 될 것 같아요."

"개념 이해는 잘 되는데 계산에서 자꾸 실수를 해요. 수학 연산 학습을 집중적으로 할 수 있는 학원에 보내주세요."

아이가 주도적으로 타당한 이유를 들어 학원에 다니고 싶다고 하면 아이의 뜻을 따르는 것이 좋겠다. 하지만 이때도 앞에서 이야기한 학원 수강의 세 가지 원칙을 어겨서는 안 된다.

특히 학원 수강 기간을 제한하는 것이 중요하다. 아무리 길어도 1년을 넘지 않는 것이 좋다. 그 기간을 넘어서면 아이가 스스로 학습하는 능력을 훼손당할 가능성이 크기 때문이다.

학원 시스템과 서비스에 1년 이상 길들면 점점 '학원 의존형 학생' 또는 '학원 중독자'로 전락할 위험이 있다. 나중에는 빠져나오고 싶어도 그러기가 쉽지 않다. 학원의 도움 없이는 아무것도 하지 못할 정도로 의존성이 심각해졌기 때문이다. 무분별한 사교육이 아이를 망친 것이다.

이른바 대한민국 사교육 1번지라는 서울의 강남, 목동, 중계동과 경기도 평촌, 분당 등지에는 이런 '학원 키드'들이 넘쳐난다. 학원 키드로 상징되는 사교육의 병폐는 부모가 알고 있는 정도보다 훨씬 심각하다. 어느 중학교 교사의 이야기를 들어보자.

"수업시간에 선생님은 학생들을 깨우기 위한 전쟁을 치릅니다. 자는 학생을 깨우려고 이름을 부르고 벌을 줘도, 어제 늦게까지 학원에 있었으니 자야 한다며 선생님의 꾸중을 들은 체도 안 하는 학생이 매우 많습니다. 벌점이나 내신에서 불이익을 주겠다고 으름장을 놓아도 전혀 반응을 보이지 않고 계속 잠만 잡니다. 오히려 잠을 깨운 선생님에게 신경질을 부리는 학생도 어렵지 않게 볼 수 있습니다." ― 강정훈(중학교 교사)

〈초등학생의 과외 학습 스트레스와 관련한 심리적 특성 연구〉(임자성·채규만, 한국심리학회지 10권(3), 2005, 295~311쪽) 논문은 사교육 스트레스를 많이 받는 상위 집단과 하위 집단의 심리적 특성을 분석한 보고서다. 연구 결과에 따르면, 사교육 스트레스를 많이 받는 학생일수록 학업 자아 개념과 사회적 지지가 낮고, 우울감은 높았다.

왜 이런 문제가 발생할까? 문제풀이를 반복하다 보면 학생들은 배움에 대한 호기심을 상실하면서 공부를 지겨운 것, 마지못해 하는 것으로 인식할 가능성이 있다. 어떤 맥락 또는 상황과 연계되지 않은 지식을 기계적으로 암기하는 동안 배움의 즐거움을 잃어버리기 때문이다. 그리고 경쟁이라는 가치에 근거한 사교육 중심의 학습은 학생이 공부에 대한 자신감을 잃게 만든다. 결국 아이들은 참된 배움의 맛을 제대로 경험하지 못한 채 배움으로부터 도망하게 되는 것이다.

비단 사교육만의 문제가 아니다. 공교육도 질 높은 내신 시스템을 확실히 만들어야 한다. 공교육이 사교육을 흉내 내서는 안 되며, 분명히 차별화된 수업과 평가 방식을 보여주어야 한다.

예를 들어 사회탐구영역의 사회문화 과목을 보면 질적 연구와 양적 연구의 특성에 관한 내용이 나온다. 이 내용을 표로 잘 정리해서 외우는 방식의 학습은 수명을 다했다. 제대로 된 학습 방식은 학생들이 질적 연구와 양적 연구에 관한 자료를 다양하게 읽어보는 것이다. 동시에 그 방법을 실제 체험하고 간단한 보고서를 써보아야 한다. 그 과정에서 지식을 생성하는 법을 배우고, 탐구가 즐거운 과정임을 깨달을 수 있다.

단체 활동을 하다 보면 많은 사람을 만나게 된다. 처음 만났을 때 이렇게 묻는 분들이 간혹 있다. "'사교육걱정없는세상'은 사교육을 아예 없애자고 주장하는 단체인가요?" "공교육에도 문제가 많은데 사교육만 너무 일방적으로 비판하는 것 아닌가요?"

하지만 그건 오해다. 우리 단체는 사교육을 모두 없애자고 주장하지 않는다. 다만 '과잉 사교육'을 벗어나 '적정 사교육'을 추구하는 현명한 교육 소비자가 되자는 운동을 하고 있다. 그래서 단체 이름도 사교육없는세상이 아니라 '사교육걱정없는세상'이다.

개인의 특성과 사정에 따라 사교육을 받아야 할 아이들도 있다. 또 사교육 종사자들 가운데는 교사 못지않은 사명감과 책임감, 전문성을 가지고 아이들을 지도하는 분들이 적지 않다. 하지만 한국 사회의 사교육 지향성은 하나의 강력한 사회문화적 현상이 되어버린 지 오래다. 주변 분위기에 휩쓸려서, 막연한 기대와 불안감 때문에 필요하지도 않은 사

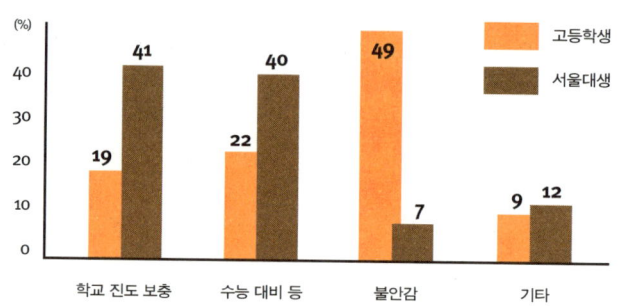

※ 출처 : 스터디코드 학습법연구소의 2000~2007년 연구 결과

교육을 받는 이들이 많다는 뜻이다. 그리고 이 불필요한 사교육에 대한 '욕망'은 학부모와 아이들의 쓸데없는 '걱정'을 만들어낸다. 우리 단체는 그 불필요한 걱정들에서 이제 그만 벗어나자고 이야기하는 것이다.

위 자료는 2000년부터 2007년까지 서울대학교에 입학한 학생들 3,121명을 인터뷰하여 그들이 공부 잘하는 이유를 조사, 연구한 내용의 일부다. 여기서 서울대생들은 중·고등학생 때 학원에 다닌 이유를 묻는 질문에 학교 진도를 보충하기 위해(41%), 수능 대비(40%) 등이라고 그 이유를 뚜렷이 밝히고 있다. 반면 일반 고등학생들은 49%가 '불안감' 때문에 학원에 간다고 말한다. 남들이 다 다니니까 불안해서 학원에 간다는 얘기다. 이렇게 막연한 생각으로 받는 사교육은 더욱 효과가 없다. 나에게 부족한 부분을 알고, 내게 꼭 필요한 사교육을 선택적으로 활용하는 '적정 사교육' 마인드가 필요하다.

 그럼 어떻게 하죠?

하나. 부모가 등 떠밀어서 학원에 가는 것보다 아이가 스스로 가기를 원하는 것이 아이의 자발성이라는 차원에서 나은 일입니다. 그때까지는 부모가 이런저런 학원에 가라고 요구하지 마시고, 요구하더라도 자녀가 싫어하면 진행하지 마십시오. 자녀가 싫어하는데 효과를 본 경우는 별로 없습니다.

둘. 자녀가 학원에 가고 싶어 하더라도 이것을 무조건 수용할 것이 아니라 왜 가고 싶어 하는지를 먼저 확인하는 것이 중요합니다. 아이 스스로 한 상황 진단은 '절반의 진실'일 경우가 많거든요. 아이와 깊이 대화를 나누면서 왜 학원에 다니려고 하는지, 정말 사교육의 도움을 받아야 할 상황인지 객관적으로 따져보아야 합니다.

만약 혼자 공부하는 습관이 안 되어 있어서 생기는 불편함 때문이라면 더욱 신중해야 합니다. 학원에 다니면 더욱 의존하게 되기 때문이에요. 자신이 부족한 교과 내용을 혼자 힘으로 풀 수 없어서 학원에 다니고 싶어 하는 것이라면 EBS 강의와 인터넷 강좌 등을 통해 해결하라고 권하는 것이 낫습니다. 물론 혼자서는 공부 습관이 도무지 생기지 않고 학습 결손이 심각한 경우라면 한시적으로 개인교습을 받는 편이 낫습니다.

셋. 아이가 진정으로 원하고, 인터넷 방송이나 개인교습이 부적절한 경우에는 선행학습을 덜 시키면서 아이들 개개인의 부족한 부분을 성의 있게 지도해줄 학원을 찾아 한시적으로 활용해보세요. 이때 중요한 것은 과목 수와 기간을 꼭 필요한 만큼으로 한정하는 것입니다. 취약한 과목 한두 가지로 수강 과목을 제한해서 아이들이 학교 공부를 복습할 수 있는 시간을 확보해주세요. 그리고 1년 이내의 적절한 시점에 사교육을 벗어나 스스로 공부할 수 있도록 이끌어주세요. 수강 기간이 1년을 넘어서면 위험합니다.

넷. 학원을 신중하게 선택하세요. '옆집 엄마'의 말에 휘둘리지 말고, 내 아이에게 실제로 도움이 될 수 있을지를 고려해가며 학원 프로그램과 운영 방식을 꼼꼼히 살펴보세요. 어떤 경우에도 전과목 종합학원이나 3~6개월 이상씩 불필요한 선행학습을 진행하는 학원, 지나치게 '빡센' 과제를 내주는 학원은 피해야 합니다. 자칫하면 아이가 공부 자체에 흥미를 잃거나, 학교에서 학원 숙제를 하느라 소중한 수업시간을 낭비하기 쉽습니다.

다섯. 처음 입학 상담을 했을 때 약속한 것들을 학원이 잘 이행하는지 주기적으로 확인할 필요가 있습니다. 학원 수업과 과제가 내 아이의 수준에 맞는지, 아이가 매일매일 학원 수업을 잘 따라가고 있는지 세심하게 확인하세요. 학원의 말만 믿다가는 아이가 학원에서 '멍 때리고' 있거나, 다른 아이들의 들러리를 서고 있는데도 전혀 모르고 지나갈 수 있습니다. 학원에 보낸 것만으로 부모의 의무를 다했다고 생각하는 것은 무책임한 일이에요.

여섯. EBS나 인터넷 강좌를 부분적으로 활용해보세요. 우선은 학생 스스로 공부를 해봐야 합니다. 그 과정에서 도무지 이해가 되지 않고, 스스로 해결하기 어려운 영역이 있을 때 인터넷 강좌를 부분적으로 활용하면 학습 능률이 오릅니다. 최근 EBS의 비중이 높아지면서 강의 내용이나 강사 수준이 좋아졌습니다. 인터넷 강좌는 자신이 부족한 영역을 집중적으로 학습할 수 있다는 장점이 있죠.

> 우리집이 달라졌어요
> ## 절반은 아이 통장,
> ## 절반은 후원!

양경미 (주부, 서울 노원구)

지난 2009년 여름, '등대지기학교' 고병헌 교수님의 강연을 들으며 정신이 번쩍 들었던 기억이 아직도 생생합니다. "산업사회의 교육을 받은 부모님들이 도대체 무슨 근거로 그렇게 확신에 차서 자녀들을 학원이나 학습으로 몰아넣는지 모르겠습니다. 아이들을 차라리 내버려두세요! 아이들에겐 부모가 세상이니 부모가 먼저 변화하기 위해 노력해야 합니다. '돈'에 대한 개념을 바꾸지 않으면 변화하기로 한 결심을 지키기가 쉽지 않을 겁니다."

저는 조기교육은 안 시켰고, 아이가 초등 3학년이 되면서부터는 준비물도 손수 챙기게 하고, 영어 사교육도 초등 3학년이 되면서 시작했고, 학습량도 과하지 않게 정해줘 스스로 풀게 하고 채점도 하도록 했으며 놀 시간도 확보해주는 등 나름대로 스스로 공부하는 습관을 갖게 해주려고 노력했고, 아이도 잘 따라주는 편이라 별 문제 의식이 없었습니다.

그런데 강연을 들으며 제 모습을 돌아보니, 뭐든지 제가 결정하고 시키고 체크하고 있었습니다. 아이를 가르칠 대상으로만 여겼을 뿐 아이의 의견에 관심을 갖고 대화하는 데는 소홀했다는 걸 알아차렸죠.

지금 제 아이는 6학년입니다. 사춘기가 시작되면서 웬만한 제안은 모조리 "싫어!"로 일관하고 가끔 선심 쓰듯 수락하곤 했는데, 사교육걱정없는세상을 만난 후 제가 학습은 아이의 몫이라는 것을 인정한 뒤로 저와 아이가 꽤 달라졌습니다. 예전 같으면 제가 결정해버렸을 문제도 이제는 아이에게 묻습니다.

"학원 숙제가 네 수준에 안 맞아서 힘들 것 같으면 학원 끊고 다른 방법으로 공부해볼래? 온라인 영어 동화 사이트를 활용하는 방법도 있대." 말이 끝나기가 무섭게 아이가 "좋아요" 하고 쾌재를 부르기에 "영어 공부를 하지 말라는 게 아니라 혼자서 재밌게 해보라는 거야. 영어를 배울 필요를 느끼긴 하니?"라고 주의만 줬지요.

그후 저는 아이가 원하는 대로 학원을 끊었습니다. 덕분에 학원비가 굳게 되어 절반은 아이 통장에 넣고, 나머지는 사교육걱정없는세상에 후원하기로 했습니다. 아이도 저도 만족해하고 있어요.

다른 공부도 아이 스스로 계획을 짜서 실천하기로 약속했습니다. 말처럼 잘 지켜지지는 않습니다만 아이가 이전에 비해 노력하는 게 보입니다. 독서량이나 학습량은 제가 지도할 때보다 줄었지만 대신 관심사를 넓혀가는 게 보여 보람도 느낍니다. 제가 아이의 학습 생활을 관리하던 습관을 내려놓으니 참 좋은 일이 많아졌습니다.

3
학교 수업만 어떻게 믿어요?
학원은 개별 지도를 하잖아요

❝요즘 핀란드 교육 이야기를 많이 하잖아요.
우리도 핀란드처럼 학교 선생님이 한 명 한 명을 배려해가며
책임 있게 지도해준다면 누가 비싼 돈 들여 학원에 보내고
과외를 하겠어요? 공교육이 부실하니까
부모들이 사교육을 찾을 수밖에 없는 거라고요.
저희 아이만 해도 학교 수학 수업을 거의 이해하지 못하겠다고 해요.
그래서 수학 전문 학원에 보내고 있죠.
이렇게 뒤처지는 아이들을 개별 지도 해줄 곳은
학원밖에 없지 않나요?❞

학부모들의 공교육에 대한 불신의 골은 매우 깊다. 교육 당국과 현장의 교사들 모두 뼈아픈 책임감을 통감해야 마땅하다. 어려운 환경 속에서도 뜨거운 교육적 열정으로 아이들을 가르치는 헌신적인 선생님들이 적지 않지만, 전반적인 공교육의 현실은 부모와 학생들의 기대에 미치고 못하고 있다. 특히 학생 한 명 한 명의 수준과 특성에 맞는 충실한 교육을 하지 못한다는 것이 공교육의 근본적 한계다.

그래서 많은 학부모들이 공교육에서 느끼는 아쉬움을 학원은 채워줄 수 있을 것이라고 기대한다. 아이를 학원에 보내면서 흔히 이런 희망을 갖는 것이다.

'학원은 우리 아이의 뒤처진 부분을 도와줄 거야.'

'학원은 인원이 많지 않으니까 학교와 달리 학생 한 명 한 명에 맞추어서 지도할 거야.'

물론 학부모들의 기대에 부응해서 수준별 맞춤 지도를 하고, 개별적인 멘토링을 성실하게 운영해서 감동을 주는 학원도 있다. 그런 좋은 학원을 만나는 학부모와 학생은 정말 행운아에 속한다.

양심적인 사교육 종사자들의 증언을 들어보면, 대다수의 학원은 이같은 부모들의 기대를 채워주지 못한다. 그리고 그 배경에는 학원과 강사의 전문성을 비롯한 학원 경영의 구조적 · 현실적 한계가 숨어 있다.

개별 지도를 해서는
수익이 나지 않아

"학원 관계자들끼리 그런 이야기를 해요. 학원 강의가 도움이 되는 아이들은 상위 10%이고, 나머지 반은 하나마나, 또 나머지는 오히려 해로운 아이들이라고요. 그렇다고 중·하위권에 초점을 맞추어 진행하는 것도 어려워요. 그렇게 할 경우 '후진' 학원이라는 비난을 받게 되죠. 그래서 학원 관계자일수록 자녀를 학원에 보내지 않아요. 참 아이러니하죠."

메가스터디에서 외국어영역 대표 강사로 일했던 K씨의 이야기다. 그를 비롯해서 우리 단체가 인터뷰한 사교육 관계자 대부분은 "학원이 아이들을 개별 지도해줄 것이라는 생각은 부모들의 순진한 믿음일 뿐, 사실은 정반대"라고 털어놓았다.

아이들에게 사교육이 필요하다면, 그것은 내 아이에 맞추어 부족한 부분을 체계적으로 보충해주기 위해서여야 한다. 그러나 대부분의 학원에는 그런 프로그램이 없다. 예를 들어 아이가 수학을 잘 못하면 부모는 대개 수학 전문 학원에 보내려고 생각한다. 그렇지만 수학 전문 학원에서 맞춤형 보충학습 프로그램을 찾아보기란 매우 어렵다.

반면 공부 잘하는 아이들을 위한 선행학습 프로그램은 넘쳐난다. 6개

"맞춤형 보충학습 아닌 선행학습 위주예요"
— 서울 대치동 중학생 대상 수학 전문 학원의 진도표, 2009년 여름방학

대상	진도	대상	진도
중1	중2(1학기) 선행 / 중3(1학기) 선행 중2(1학기) 심화 / 중2(2학기) 선행 중2(2학기) 심화 / 중3(1학기) 선행	중1 ~ 중3	고1(1학기) 기본정석A 고1(1학기) 실력정석 고1(2학기) 기본정석A 고1(2학기) 기본정석B 고1(2학기) 실력정석, 수1 기본정석
중2	중2(2학기) 선행 / 중3(2학기) 선행 중3(1학기) 선행 / 중3(1학기) 심화 중3(1학기) 심화 / 중3(2학기) 선행		

월 이상은 기본이고, 무려 2~3년을 앞서 선행학습하는 학원 프로그램도 있다. 이미 배운 것도 충분히 소화하지 못한 아이들에게는 정말 끔찍한 프로그램이 아닐 수 없다. 하지만 대부분의 학원이 이렇게 운영된다.

대다수 학원이 부모들의 기대와 달리 개별 맞춤 교육을 하지 못하는 이유는 경영 수지를 맞추기 위해서다. 이 문제는 '내가 바로 학원 경영자'라고 가정해보면 어렵지 않게 이해할 수 있다.

> 나는 새로 학원 사업을 시작했다. 남들처럼 돈벌이만 생각하기보다 실제로 아이들의 학력 신장에 도움이 되는 교육 서비스를 하고 싶다.
> 대부분의 아이들에게는 선행학습보다 학교에서 이미 배운 것을 복습하는 보충·심화학습이 필요하다. 그것도 소규모 분

반을 통해 개별 맞춤 지도를 하는 것이 효과적이다.

그래서 나는 한 반을 다섯 명으로 구성했다. 다른 학원에서는 보통 열다섯 명을 한 반으로 묶는데, 나는 그것을 세 반으로 잘게 나눈 것이다. 그랬더니 강사도 세 배, 강의실도 세 배가 더 필요했다. 게다가 높은 수준의 심화학습을 감당할 만큼 실력 있는 강사는 곱절의 연봉을 준다고 해도 모셔오기가 힘들었다. 학원가에 유능한 강사가 생각보다 많지 않았다.

학원의 인력과 설비를 남들보다 세 배 더 투자했는데도 그것에 합당한 학원비를 책정할 수 없었다. 학원 수강료가 법적으로 제한되어 있기 때문이다. 나는 그제야 왜 다른 학원들이 보충·심화학습이 아닌 선행학습 중심으로 운영되는지, 왜 수준별 맞춤 교육을 하기보다 한 반에 100여 명을 끌어 모을 수 있는 인기 강사에 목을 매는지 이해할 수 있었다. 그렇게 여러 달 어려움을 겪은 끝에 나는 빚더미를 끌어안아 파산하고 말았다.

위 이야기는 지금 한국의 학원 사교육 비즈니스의 현실을 정확히 보여준다. 실제로 한 특목고 전문 대형 학원의 L씨는 보충·심화학습 프로그램을 운영하려고 노력했던 경험담을 이렇게 들려준다.

"학원 상품은 크게 보충학습, 선행학습, 후행학습, 입시 대비로 구분됩니다. 그 가운데 가장 잘 팔리는 것은 선행학습이에요. 실제로 많은 학생들에게 필요한 것은 보충학습이나 후행학습이지만요.

제가 원장으로 있을 때, 실제로 후행학습 상품을 팔아본 적이 있습니다. 고1 학생 1,000명 가운데 공부를 가장 못하는 친구 100명을 뽑아서 '특공대'를 조직한 다음 '100일 작전'을 실시했습니다. 학부모들에게 각서까지 받았습니다. 학생의 다리가 부러져도 학원에 책임을 묻지 않는다고요.

그 특공대 친구들의 수준이 어느 정도였는가 하면, 'I-my-me-mine'을 모르는 아이들이었어요. 그런 상태에서 중2, 중3, 고1 과정을 배우는 것은 사실 아무런 의미가 없습니다. 결국은 자기가 아는 단어 몇 개를 가지고 때려 맞추는 거니까요. 수학의 경우 곱셈 공식을 제대로 모르거나 이해하지 못하는 아이들만 모았어요. 이 친구들이 이른바 시험 볼 때 답안지만 달라고 하는 아이들이죠.

제가 그 아이들에게 제안한 건 '너희도 마지막 기회를 가져보자'는 것이었어요. '지금 당장은 내신 빵점이 나와도 좋으니까 중학교 과정만 하자'고 말했죠. 그렇게 시작한 100명 가운데 30명이 한 달 뒤에 원래 자리로 돌아갔습니다. 고통이 너무나 컸거든요. I-my-me-mine을 모르는 아이들이 영어 단어 하나를 외우는 것이 얼마나 힘든지, 경험해보지 못한 분들은 정말 모릅니다.

그 아이들을 데리고 중학교 과정부터 가르쳤던 영어, 수학 선생님들은 100일 작전이 끝나고 나서 피로 누적으로 입원을 했습니다. 새벽 두세 시까지 애들을 데리고 모르는 문제를 제대로 풀 때까지 하나하나 가르쳤던 거죠. 그 친구들이 수학 문제 하나를 풀려고 하면 걸림돌이 되는 개념이 스무 개쯤 나와요. 선생님들은 아주 기본적인 개념부터 하나하나 가르쳐줬습니다.

끝까지 남은 친구가 30명 정도 되었어요. 그 가운데 가장 좋은 대학에 간 친구가 고려대에 갔습니다. 그 학생 입장에서는 인생이 바뀐 것이죠. 그런데 상품 공급자 관점에서 저는 이후로 그런 상품을 만들지 않습니다. 사실 사교육은 후행학습 프로그램 중심으로 운영해야 하고, 이런 상품은 가격이 비싸도 됩니다. 그러나 현실적으로 이런 상품은 팔기도 힘들고, 진행하는 과정도 너무 힘듭니다. 그러다 보니 아이들에게 정작 필요한 후행학습 프로그램은 학교에도 학원에도 없는 것이죠."

운영상의 이유 때문에 학원들은 철저히 상위권 학생들에 맞추어 진도를 나간다. 학교는 그나마 중위권 학생에 초점을 맞추지만, 학원에서 중위권 이하 학생들은 그야말로 시간 버리며 돈만 갖다 바치는 '들러리'

신세가 되기 쉽다. 이런 학원 사교육 산업의 구조를 알고 나면, 기초가 부족해서 개별 지도가 필요한 학생일수록 더더욱 학원에 보내서는 안 된다는 결론이 나온다.

따져보아야 할 학원의 전문성[*]

많은 학원이 광고에서 '체계적이고 과학적인 프로그램' '전문 강사' '명품 강의' '최고의 솔루션' 등을 자랑한다. 학부모들도 공교육보다 학원 사교육 산업의 전문성과 실력을 더 신뢰하는 경향이 있다. 과연 학원들은 실제로 그만한 전문성과 과학적인 교육 프로그램을 갖추고 있을까?

많은 사교육 전문가들이 물음에 고개를 가로저었다. 학원 사교육 산업의 중심에 서 있는 그들은 오히려 학부모들에게 학원에 대한 맹신을 거두고 그 실상을 꼼꼼히 따져보라고 충고한다. 특히 학부모들과 그들의 생각이 크게 어긋나는 지점은 학원 강사의 실력과 학원 경영자들의 교육 마인드였다.

한국에는 '입시학원 강사 자격증'이라는 것이 없다. 아무나 다 강사를

---

[*] 조남호 스터디코드 대표가 2009년 8월 '선행학습 실상과 효과를 따져 묻다' 3회 연속 토론회 때 발표한 내용을 기초로 정리했다.

할 수 있다는 이야기다. 강의를 한 번이라도 해본 경험이 있는 사람이라면 잘 알겠지만, 강의가 절대 만만한 일이 아니다. 강의는 강의 구성, 판서 방식, 자료 활용, 교재 제작, 어투, 집중력 환기 장치 등 정말 많은 요소를 고려하고 연습해야 하는 '종합 예술'이다.

강사가 명문대를 나온 엘리트라 해도 '아는 것'과 '가르치는 것'은 또 다른 일이다. 세계적으로 알려진 한 교수법 전문가는 강사가 갖추어야 할 핵심 요소를 다음 두 가지로 요약한다. 첫째, 강사 스스로 해당 내용을 200% 완벽하게 이해할 것. 둘째, 최소한 강의 시간의 열 배가 넘는 준비 시간을 가질 것.

과연 학원들은 이런 전문 인력을 얼마나 갖추고 있을까?

답은 매우 부정적이다. 내실 있는 강의를 위해 그만한 시간과 노력을 투자하는 학원과 강사는 그야말로 극소수에 지나지 않는다. 그 대신 학원가에는 보통 수준의 교과 지식만 갖춘 채 화려한 '말발'과 테크닉으로 무장한 아마추어들이 넘쳐난다. 심지어 동네 학원은 아르바이트 대학생을 버젓이 전문 강사로 고용하기도 한다. 물론 학부모와 학생들은 그들이 아마추어라는 것을 알아차리기가 쉽지 않다.

상식적으로 생각해보아도 학원가의 열악한 인력 사정을 충분히 유추할 수 있다. 만약 자녀가 이른바 명문대에 진학했다고 해보자. 그 아이가 대학을 졸업한 뒤 학원 강사로 취직하겠다고 하면 부모는 어떻게 반응할까? 아마 흔쾌히 동의하는 부모는 거의 없을 것이다.

사교육에 큰 관심과 기대를 걸고 있는 부모들도 학원 강사라는 직업의 사회적 기여나 비전에 대해서는 낮게 평가하고 있는 게 사실이다. 그래서 학원 산업에 우수한 젊은 인재들이 유입되기란 어려운 일이다. 이 같은 구조적 현실 때문에 연구 개발을 통해 전문성 있는 교육 프로그램과 질 높은 강의를 제공하는 학원이나 강사를 찾아보기가 쉽지 않은 것이다.

대부분의 사교육 업체는 웬만한 기업이면 다 갖추고 있는 연구소 또는 연구개발 센터를 갖추고 있지 못하며, 있다고 해도 소규모다. '교육'이라는 복잡다단한 콘텐츠를 다루는 사업이지만 체계적인 연구 없이 강사의 '개인기'에 의존하는 실정이다. 학원에서 만든 교재들도 대부분이 수준 이하다. 여기저기서 문제를 끌어와 체계 없이 구성해놓은 정도에 불과하다.

최근 들어 학원가의 상황이 조금씩 개선되고 있기는 하다. EBS, 인터넷 강좌 등 다양한 사교육 미디어가 등장하고, 업체 사이의 경쟁이 치열해지면서 전문성을 갖추기 위해 노력하는 강사들이 생겨나기 시작한 것이다. 그러나 아직은 한참 부족한 상태다. 유명 강사들의 연구개발이라는 것도 고작 조교 몇 명 두는 수준에 그치고 있기 때문이다.

규모가 상당히 큰 기업화된 학원들도 사정은 별반 다르지 않다. 연구개발을 제대로 해본 적이 없기 때문에 무엇을 어떻게 해야 할지 개념조차 잡지 못하는 경우가 태반이다. 교재만 대충 공유해놓고 프랜차이즈라는 명목으로 전국에 수십 개 지점을 개설해놓은 학원도 많다. 그들 스스로도 "어떻게, 이렇게 아무것도 없는데도 성공하지?"라고 반문하는 촌극이 실제로 벌어지고 있다.

이런 상황에서 남다른 생각을 가지고 노력한 몇몇은 이른바 스타 강사, 스타 기업이 되었다. 그러나 그들이 절대적으로 뛰어난 역량을 가졌으리라 과대평가하는 것은 옳지 않다. 당연히 해야 할 것을 하지 않는 수준 낮은 학원가에서 '당연히 해야 할 것'을 했기 때문에 주목받고 성공했다고 평가하는 것이 타당하다. 그래서 스타 강사, 스타 학원이라 해도 100% 믿고 아이를 맡기는 것은 무모한 일이다. 유명 강사, 유명 학원이니까 다 알아서 해줄 거라는 생각은 맹신에 가깝다. 한때 내로라하는 스타 강사였던 L씨는 학부모들에게 이렇게 충고한다.

"학원의 전문성을 맹신하지 마십시오. 학교보다 몇 배 나을 거라고 착각하지 마십시오. 학원은 말 그대로 보충학습을 위한 공간일 뿐입니다. 요즘 들어 강남 학부모 따라잡기다, 스타 강사다 해서 거품이 지나치게 끼었을 뿐입니다."

학원 레벨 테스트, 믿을 만한가?

"그래도 학원에서는 레벨 테스트로 반을 나누잖아요? 1등부터 꼴등까지 다 한 반에 앉혀놓고 수업하는 학교보다는 수준별 맞춤 교육을 하는 것 아닙니까?"

맞는 말이다. 이 점은 학원이 학교보다 맞춤형 수업에 한 발 더 다가서 있다고 볼 수 있다. 그러나 여기에 대해서도 학부모들이 정신 바짝 차리고 따져보아야 할 문제가 적지 않다.

학원의 레벨 테스트는 맞춤형 수업에 대한 소비자의 요구를 채우기 위해 생겨났다. 말 그대로 학생의 현재 수준을 정확히 판별해서 맞춤 지도를 하겠다는 것이다. 그래서 대부분의 학원은 수강 등록 받기 전에 레벨 테스트를 한다. 그리고 그 결과에 따라 서울대반, 상위권반, 중위권반 등으로 나누어 수업을 한다.

그런데 학생의 성적 수준에 따라 몇 단계의 반으로 나누는 것을 가지고 학원이 개별 맞춤 교육을 한다고 말할 수 있을까? 결코 아니다. 수준별로 반을 편성해서 다르게 가르치는 것을 두고 맞춤 교육이라고 믿는다면, 허상이다. 개별 맞춤 지도란 수준별 분반을 넘어 단원별, 내용별 분반으로 나아가야 한다.

수학을 예로 들면, 전반적인 수준을 떠나 특히 방정식 단원이 취약한 아이가 있다. 영어도 독해보다 문법, 그리고 문법 중에서도 5형식에 특히 약한 아이가 있다. 이런 개별 상황을 무시하고 전반적인 성적 수준만으로 반을 편성해놓으면, 아이가 이미 잘 아는 내용은 지겹도록 세세하게 설명하고, 정작 모르는 내용은 건너뛰어버릴 수도 있다.

이렇게 단원별, 내용별 분반을 실천하는 학원은 아직 찾아내지 못했다. 하지만 EBS나 각 교육청의 인터넷 강좌는 단원별은 물론이고, 그 아래 항목까지 세분화되어 수준별로 제공되고 있다. 내 아이에게 취약한 부분을 효과적으로 보충하고자 한다면, 무작정 학원에 보내기보다 인터넷 강좌 등 대안 프로그램을 적절히 활용하는 것이 더 현명한 방법이다.

학원들이 맞춤 교육을 표방하면서도 대략적인 수준의 분반에 머무르는 이유는 경제 논리 때문이다. 전반적인 성적 수준을 넘어 단원과 내용까지 고려해 분반한다면 반이 수십 개는 되어야 할 것이고, 이렇게 해서는 속된 말로 장사가 되지 않는다. 그런데 학부모가 알아야 할 더 중요한 사실은, 아이의 수준을 판정하기 위해 치르는 학원의 레벨 테스트에 교묘한 심리적 상술이 숨어 있다는 점이다. 학원 관계자의 솔직한 고백을 들어보자.

"만약 댁의 아이가 학원의 레벨 테스트에서 낮은 등급을 받았다고 가정해보죠. 어떤 마음이 들까요? '어이쿠, 우리 아이가 많이 뒤처져 있구나. 지금에라도 학원을 찾은 게 다행이야' 하고 덜컥 겁이 나면서 불안한 생각이 드는 것이 인지상정입니다. 반대로 높은 등급을 받았다면 어떨까요? '이 정도 실력이면 혼자 공부해도 충분하니까 학원에 보내지 말아야겠다'고 생각하기보다 '이 학원의 서울대반에 보낼 수 있겠구나'라고 우쭐한 마음이 생기게 마련입니다.

만약 이 상황에서 학부모 혼자 판단한다면, 좀더 냉정하게 생각하는 것이 가능할 겁니다. 하지만 학원은 절대 그렇게 내버려두지 않아요. 레벨 테스트 이후에는 반드시 상담을 합니다. 낮은 등급이 나온 아이의 학부모에게는 공포를 자극하고, 높은 등급을 받은 아이의 학부모에게는 우월감을 자극하죠. 이것이 학원 상담의 기본 법칙입니다."

그리고 시간이 흘러서 하위권반에 있던 우리 아이가 중위권반으로 올라갔다는 소식을 들으면 가슴이 뿌듯해진다. 업그레이드된 정도가 실감 나게 느껴지기 때문이다. 하위권반에서 중위권반으로! 학부모들은 아이가 서울대반에 들어가면, 마치 서울대에 입학이라도 한 것처럼 우쭐해한다. 실제로 몇몇 유명 학원에서는 서울대반에 들어가는 것 자체가 목표가 되어버리기도 한다.

한 발 떨어져서 보면 정말 우스운 이야기다. 하지만 학원은 학부모가 절대 한 발을 뗄 수 없도록 만든다. 학원의 논리에 맞추어 생각하고 학원의 룰에 길들게 하는 것이다. 이것은 마치 아이들이 다음 스테이지로 넘어갈 때의 짜릿한 성취감 때문에 컴퓨터 게임에서 빠져나오지 못하는 경우와 비슷하다. 레벨 테스트와 수준별 분반은 이러한 성취감을 눈에 보이도록 자극해주는 심리적 장치다. 이것은 학부모와 학생의 사고가 학원의 룰을 벗어날 수 없도록 만드는 데 결정적으로 기여한다.

여기서 한 가지 문제를 더 생각해보자. 학원의 레벨 테스트는 얼마나 정교한 프로그램일까? 실제로 아이들의 학력 수준을 정확히 판별할까?

내가 학원 경영자라고 가정해보자. 앞에서 보았듯이 학원 경영에 도움이 되는 레벨 테스트 군이 안 할 이유는 없을 것이다. 그렇다고 해서 아이들의 레벨을 정교하게 측정하기 위해 테스트 프로그램을 개발하는 데 정말 큰돈을 투자할 수 있을까? 그것도 1~2년이 넘게 걸릴지도 모르는 일에?

아닐 것이다. 성공적으로 개발을 완료할 수 있을지 보장할 수 없는 데다, 이미 다른 학원들은 엉성한 레벨 테스트로 수강생을 끌어들이고 있기 때문이다.

이런 이유로 대다수 학원의 레벨 테스트는 매우 엉성하다. 그냥 학교 성적표를 가져오라는 학원도 많고, 학교 시험과 비슷한 문제 몇 개로 시험 볼 당시의 피상적인 실력만 테스트하는 경우가 많다. 그렇다 보니 하위권반 학생이 실제 하위권이 아닐 수도 있고, 중위권반 학생이 실제 중위권이 아닐 수도 있는 것이다. 이처럼 취약한 학원의 전문성 때문에라도 단원별, 내용별로 정교하게 분반하여 맞춤 지도를 한다는 것은 애초부터 기대하기 어려운 일이다.

대체로 학원 레벨 테스트의 난이도는 높은 편이다. 테스트 결과를 통해 학부모에게 적당한 불안감을 안겨줘야 하기 때문이다. 아이가 약한 부분이 있다는 사실을 증명하고, 그 약점을 자기 학원의 수업을 통해 보완할 수 있다는 확신을 주어야 학부모가 등록 절차를 밟지 않겠는가. 그래서 어느 학원이든 레벨 테스트에서 만점을 맞았다는 이야기는 듣기 어렵다. 이런 일에도 다 이유가 있는 것이다.

커리큘럼을 세분화하기
어려운 이유

학원의 커리큘럼을 생각해보자. 커리큘럼이란 강사가 어떤 수업을 어떤 수준으로 운영할지에 대해 계획한 것을 의미한다. 강사 한 명이 기본반, 심화반, 문제풀이반으로 나누어 수업을 하는 것, 강사 여러 명이 1학년반, 2학년반 등으로 나누어서 수업을 맡는 것 등을 통틀어 '커리큘럼 구성'이라고 한다.

내가 학원 경영자라면 이 커리큘럼 구성에서 무엇을 최우선으로 생각할까? 아이들의 실력 향상일까, 수준별 맞춤 수업일까? 물론 그런 것들도 최대한 고려하겠지만, 학원 경영자에게 가장 중요한 것은 경제성이다. 학원가의 경쟁은 갈수록 치열해지는데 수강료는 법으로 제한되어 있다. 이런 상황에서 학원이 할 수 있는 합리적 선택은, 최소한의 비용으로 최대한의 매출을 올리는 것이다. 어떻게 보면 지극히 당연한 비즈니스의 논리다. 이 같은 사업 논리를 가장 큰 비중으로 담당하고 있는 것이 바로 커리큘럼 구성이다. 다시 학원 관계자의 이야기를 들어보자.

"쉽게 말해보죠. 학원은 한 반에 되도록 많은 학생을 모아놓고 강의를 해야 남는 것이 많습니다. 강사가 두 번 뛸 수업을 한 번만 뛰어도 되고, 필요한 교실이 두 개에서 하나로 줄어들기 때문이죠. 남는 교실은 다른 수업을 돌리면 됩니다. 이것이 비용을 최소화하는 가장 확실한 방법이에요.

그래서 유명 강사가 특별 대우를 받는 것입니다. 유명 강사는 한 클래스에 100명은 충분히 받고도 남죠. 유명하지 않는 강사가 한 반에 10명씩 10번 수업을 해야 유명 강사의 수업 하나를 겨우 따라잡을 수 있는 거예요. 유명 강사는 이처럼 교실 비용과 관리 비용을 쭉쭉 줄여주는 경제적인 존재입니다. 이쯤 되면 웬만한 학원은 커리큘럼을 세분화하기 어렵고, 특히 유명 강사라면 커리큘럼을 세분화할 필요가 없는 것이지요."

이처럼 소비자와 학원의 이해관계는 서로 충돌하는 일이 잦다. 학부모 입장에서는 커리큘럼이 세분화되어야 선택의 폭이 넓어지고, 내 아이에게 꼭 필요한 맞춤형 강의가 이루어질 가능성이 높아진다. 그런데 이런 커리큘럼 세분화는 학원의 돈벌이를 가로막는다. 이런 사정 때문에 우리 아이에게 꼭 맞는 학원 커리큘럼을 만나기란 현실적으로 거의 불가능하다.

지금까지 살펴본 것처럼 많은 학부모가 학원에 거는 기대, 곧 학원은 학교와 달리 개별 학습자의 특성을 고려한 맞춤식 수업을 할 것이라는 생각은 환상에 가깝다. 물론 시장 원리의 지배를 받는 학원 강의가 학교 수업에 비해서는 더 탄력적이고, 수요자의 요구에 부합할 수 있는 측면이 있을 것이다. 그러나 학원은 영리를 추구하는 기업이고 수익을 최우선으로 여기기 때문에 경우에 따라서는 매우 냉혹해질 수 있다. 자신의 이익에 반하는 수요자의 욕구에 대해서는 그것이 교육적으로 가치 있는 일이라 해도 외면할 수밖에 없는 것이다.

사소한 예를 하나 들자면, 학원은 기대한 만큼의 수익이 발생하지 않으면 레벨별 반 편성조차 예사로 무시한다. 개별 학생의 수준에 적합한 반 편성이 사실상 어려우면 양심적인 학원은 학부모에게 상황을 설명하고, 다른 학원을 알아보도록 권하기도 한다. 하지만 절대 다수의 학원들은 자신들의 반 편성 상황에 맞추어 학생들을 수준과는 다른 반에 배정해버린다.

이런 상황에서 상대적으로 성취도가 뒤처지는 학생들의 학부모가 학원에 기대하는 개별 학생에 대한 맞춤형 강의란 거의 불가능할 수밖에 없다. 개별 학습자의 성취도를 정확하게 진단하고 적절한 해법을 찾아내는 것부터가 간단한 일이 아니다. 그리고 설사 학원이 개별 학습자의 현재 위치에 대한 정확한 판단 아래 성취도를 끌어올리기 위한 구체적 프로그램을 마련했다 하더라도, 그것을 실제 반 개설을 통해 실현하는 것은 학원의 수익 구조상 불가능한 일이다.

그럼 어떻게 하죠?

하나. 학원에 보내기에 앞서 아이의 특정 교과 학습 능력이 실제로 저조한지, 개별 지도가 필요한지 잘 점검하세요. 개별 지도가 필요한 상황이라면 학원이 아닌 다른 방법을 찾아야 합니다. 먼저 공부 방법을 바꾸거나, 부모님이 조금만 지도해주어도 될 만한 상황인지 살펴보십시오. 그게 아니고 누군가가 집중적으로 도와주어야만 해결될 상황이라면, 먼저 학교 안에서 개별 지도를 해결할 수 있는지 찾아보세요. 이해가 되지 않는 것, 궁금한 것을 선생님에게 물어보는 것도 좋은 방법입니다. 최근 들어 학교가 '책임 교육'이라는 관점에서 아이들의 부족한 부분을 도와주어야 한다는 문화가 확산되어서, 이를 귀찮아 하는 선생님은 별로 없습니다. 오히려 질문이 없어서 문제이지요.

둘. 스스로 공부하는 습관이 되어 있고, 자기 조절 능력이 있는 아이라면 인터넷 강좌를 통해 자신에게 부족한 부분을 보충하는 것도 좋은 방법입니다. 인터넷 강좌는 학원보다 훨씬 풍부한 수준별, 단원별 프로그램을 마련해놓고 있어서, 아이에게 꼭 필요한 부분을 골라서 학습하는 데 효과적입니다. 다만, 인터넷 강좌를 수강할 경우에도 선행학습이 아닌 교과 진도 범위 내에서 취약한 부분, 선생님의 설명이 충분치 않았던 부분을 중심으로 이용하는 것이 좋습니다.

셋. 아직 혼자서 공부하는 습관이 잡혀 있지 않고, 인터넷에 중독성을 보이는 아이에게는 인터넷 강좌가 적절하지 않습니다. 이런 아이에게는 개인 학습 멘토링이 유용합니다. 여건에 따라 부모님이 직접 지도할 수도 있고, 지인에게 도움을 받을 수도 있겠죠. 경제적 형편이 허락한다면, 한시적으로 유료 학습 멘토링인 개인교습을 이용할 수도 있습니다. 개인교습의 기회가 충분치 않을 때는 학습법에 따른 개별화 지도를 해주는 학습법 지도 학원을 활용할 수도 있습니다. 다만, 학습법 지도 학원은 일반 학원과 비교하여 비용 부담이 클 수 있습니다.

넷. 개인교습 등을 시킬 때도 꼭 지켜야 할 원칙이 있습니다. 과외 학습을 통해 아이가 스스로 계획을 세우고 주도적으로 공부하는 습관을 배워야 하기 때문입니다.

첫째, 선행학습이 아니라 학교 진도를 따라가며 결손을 보충해주는 방식으로 진행한다.

둘째, 선생님이 일방적으로 강의하는 방식이 아니라 학생이 스스로 공부한 뒤 막히는 것을 물어보고 선생님이 거기에 대답하는 방식으로 진행한다.

셋째, 선생님이 아이들의 생활 습관을 일일이 챙기기보다는 학생 스스로 자기 생활과 학습 스케줄을 챙겨보게끔 관리함으로써, 개인교습을 끝내고 독립하는 데 무리가 없도록 한다.

우리집이 달라졌어요
전직 대치동 학원 강사가 교사로 사는 법

황유연 (교사, 경기 화성시)

'등대지기학교'를 만난 후 매우 큰 의식의 변화를 경험하고 새로운 삶을 준비하며 실천하려 애쓰는 교사 겸 엄마입니다. 저는 교직에 몸담기 전, 가난한 집안 사정으로 인해 강남, 분당, 일산 일대에서 10여 년간 과외 강사 및 학원 강사로 일했습니다. 결혼 후 교직의 꿈을 되살려 임용고시에 도전했고, 지금은 4년차 중학교 수학교사입니다.

사교육 시장에서 쌓은 경험의 영향으로 저는 경쟁 중심의 교육관을 갖게 되었습니다. 공교육에 종사한 뒤로도 아이들에게 성적을 강조하고 경쟁을 부추겼습니다. 말로는 공존과 나눔을 강조하면서도 실제로는 좋은 학벌을 가질 것과 그러기 위해 다른 아이들을 밟고 일어서도록 지도하는, 일관되지 못한 교육를 했던 것입니다. 아이들의 꿈을 키워주기보다는 우선 성적을 올리라고, 그것이 진로 선택의 폭을 넓히는 길이라고 다그쳤습니다. 그것이 진정 아이들을 위하는 것이라고 착각하며 달려왔습니다.

그러던 중 우연히 '등대지기학교'를 수강하게 됐고, 기존에 가졌던 확신이 철저하게 깨지는 것을 경험했습니다. 오랫동안 사교육 시장에 몸담았던 만큼 나름대로 형편없는 사교육과 제대로 된 사교육에 대한 안목이 있고, 사교육의 장단점을 냉철하게 판단하는 잣대도 가졌다고 자부하던 차였기에 충격은 매우 컸습니다.

이제 저는 교실이 경쟁의 장이 아닌 나눔과 소통의 장이 될 수 있도록 노력합니다. 아이들 스스로가 자신의 꿈을 탐색하고, 그 꿈을 이루기 위해 자기주도적 학습능력을 갖고 열정적으로 공부하도록 가르치려 애씁니다. 나중에 안정적인 직업을 가지고 편하게 잘먹고 잘살기 위해 필요한 공부가 아니라 배운 것을 이용하여 사회에 이바지하기 위해, 쉽게 말해 배워서 남 주기 위해 공부하라고 가르칩니다.

엄마로서도 변화하려 노력하는 중입니다. 우선 마음속에 흔들리지 않는 중심이 잡혀 든든하고 평온합니다. 예전에는 영어교육에 관심이 많아 아이가 다섯 살일 때부터 체계적으로 가르치려고 계획하기도 했지만, 이제는 아이가 먼저 흥미를 갖고 스스로 배우고자 하는 의지를 보일 때까지 기다립니다. 그리고 무엇보다 아이와 많이 놀아주고 대화하면서 정서적 공감대를 형성하는 데 주력하고 있습니다.

4
맞벌이 가정은 학원 외에 대책이 없어요

" 유치원 때는 종일반에라도 보낼 수 있지만,
아이가 초등학교 입학하고 나면 정말 고민이 돼요.
학교 마치고 돌아와서 부모가 퇴근할 때까지,
긴 시간 동안 아이를 안심하고 맡길 데가 없어요.
공부를 떠나서 기본적인 보육에 어려움이 있는 거죠.
그래서 영어학원, 태권도학원, 미술학원 등을 돌게 하는 겁니다.
저도 '학원 뺑뺑이'가 바람직하지 않다고는 생각하지만,
달리 방법이 있어야 말이죠."

경기도 일산에 사는 학부모 K씨의 말이다. 더 듣지 않더라도, 초등 저학년 자녀를 둔 맞벌이 부부라면 누구나 절절하게 공감할 이야기다.

아이들의 할머니, 할아버지가 보육을 맡아주시거나 가사도우미의 지원을 받는 경우라면 좀 낫다. 하지만 그런 경우에도 그분들에게 아이들 밥 차려주고, 안전하게 보호하는 것 외에 다른 역할을 기대하기는 힘들다. 퇴근하여 집에 돌아왔을 때 어른들과 함께 텔레비전을 보거나, 무료하게 시간을 보내는 아이의 모습을 몇 차례 보고 나면 '이대로 두어서는 안 되겠다!'는 생각이 절로 든다. 그래서 많은 부모들이 아이의 손을 잡고 학원으로 발길을 옮기는 것이다.

"저는 아이가 셋이에요. 초등 5학년, 3학년 그리고 다섯 살짜리 막내가 있어요. 저희 부부는 각자 의원을 운영하고 있어서 10년째 도우미 아주머니께 양육을 의존하고 있죠. 아이들을 학원에 보내지는 않고요. 그런데 요즘 큰아이인 아들 녀석이 좀 문제예요. 공부를 통 하지 않는 것은 물론이고 거짓말을 곧잘 해요. 게다가 부모 모르게 PC방에 자주 드나드는 것 같아서 고민이 큽니다."

초등 고학년 자녀를 둔 가정의학과 의사 L씨의 하소연이다. 아이가 초등 3학년 이상이 되면 맞벌이 부모들은 한시름 놓게 된다. 아이가 혼자 집에 있는 것이 가능해지면서 기본적인 보육의 문제에서 벗어나는 것이다. 하지만 그런 안도감도 잠시일 뿐, 이 시기가 되면 새로운 문제들이 발목을 잡는다. 인터넷, 휴대전화, 텔레비전 같은 '유해 환경'과 교과 공부에 대한 걱정이 그것이다.

초등 3학년이 되면 많은 부모들이 아이의 공부를 본격적으로 챙기기 시작하면서 학습 중심의 학원에 다니는 아이들이 부쩍 늘어난다. 이런 상황을 지켜보면서 맞벌이 부모들은 아이의 공부와 생활을 돌봐주지 못하는 자신의 '빈 자리'를 더욱 크게 느낄 수밖에 없다. 그래서 많은 맞벌이 부모가 이 시기에 '일을 그만두고 아이 교육에 전념하는 것이 낫지 않을까?' 하는 고민에 심각하게 빠져든다. '계속 이대로 가다가는 우리 아이가 영원히 낙오하는 것 아닐까?' 하는 불안감도 커진다.

엄마가 전업주부인 가정에 비해 맞벌이 가정은 자녀 교육에 대한 고민이 더 깊을 수밖에 없다. 가장 문제가 되는 것은 학교에서 돌아온 뒤에 아이가 집에 홀로 있어야 하는 긴 시간이다. 아이가 초등 저학년이라면 어린 자녀를 집에 방치해두는 상황이 걱정이고, 고학년이라면 컴퓨터 게임 등으로 무의미한 시간을 보내거나 유해한 환경에 노출될까 봐 근심이 된다.

그러다 보니 많은 맞벌이 부부가 학원 사교육을 선택한다. 어찌 보면 가장 마음 놓이고 편리한 방법이다. 하지만 이는 자칫하면 '학원 뺑뺑이'라는 최악의 상황으로 이어질 수 있기 때문에 매우 신중해야 한다. 그렇다면 어떻게 해야 좋을까? 아이를 안전하고 행복하게 키워내고, 부모도 맘껏 자기 일을 할 수 있는 최선의 방법은 무엇일까?

각 가정이 겪는 사교육 고통과 고민을 함께 나누며 희망을 찾는 사교육걱정없는세상의 회원들.

조급한 마음을 잠시 내려놓고 차분히 생각해보자. 부모로서 아이를 잘 키우기 위해 최선의 노력을 기울이는 것은 자연스러운 일이다. 하지만 부모의 인생도 소중하다. 그래서 숱한 어려움에도 지지 않고 맞벌이를 선택하지 않았던가. 맞벌이 부모는 이미 자녀 교육과 자신의 삶, 이 두 가지를 다 만족스럽게 해내겠다고 매운 결심을 한 '욕심쟁이'인 것이다.

그렇다면 한 가지 욕심을 더 부려보아야 하지 않을까? 아이들의 교육에 대한 창의적 대안을 반드시 찾아내겠다는 욕심 말이다. 그러기 위해서는 개인적인 노력과 함께, 부모들끼리 정보를 교환하고 다양한 아이디어를 나누는 것도 중요한 일이다.

맞벌이 부모들은 어떤 경우에도 '학원 뺑뺑이'는 최악의 선택이라는

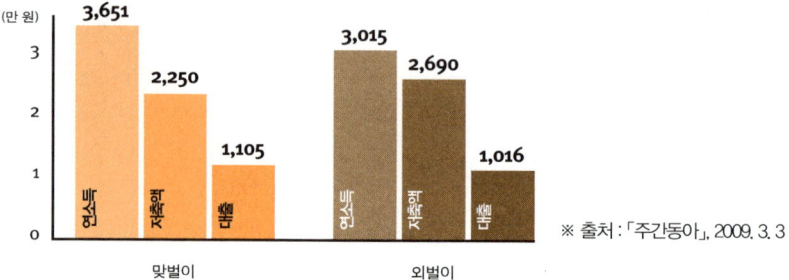

확고한 신념을 갖고 있어야 한다. 왜냐하면 지나치게 학원에 의존하는 것은 아이가 스스로 학습할 기회를 영영 잃게 만들 수 있는 위험한 선택이며, 무리한 사교육비 지출은 가정경제에도 악영향을 미치기 때문이다. 아이에게 도움을 주기 위해 선택한 학원이 비용의 지출뿐 아니라 아이의 학습에 치명적인 해를 주게 된다면 얼마나 억울한 일이 되겠는가.

2009년 3월 3일자 「주간동아」에 무리한 교육비 지출이 맞벌이 가정 경제에 해롭다는 기사가 실렸다. 보통 맞벌이 가정은 외벌이 가정보다 소득이 높지만, 저축액이 적고 대출 금액은 더 많은 편이다. 그래서 부부 가운데 한 쪽이 뜻하지 않게 실직했을 때 경제적 위기에 처할 가능성이 외벌이 가정보다 높았다.

아이가 초등 저학년이라면

"아직 보육이 필요한 초등 저학년 아이를 방과 후에 학원으로 보내는 것은 불가피한 일이 아닐까요? 어린 아이를 집에 홀로 방치하면, 안전 문제와 함께 여러 가지 심리적 문제가 생길 수도 있으니까요."

초등 저학년 아이를 오랜 시간 동안 집에 홀로 두는 것은 물론 좋지 않다. 무엇보다 아이의 심리와 정서 발달에 부정적 영향을 미칠 가능성이 있다. 한 예로, 다섯 살 때부터 집에서 혼자 지낸 OO이는 4학년이 된 지금까지도 지나치게 무서움을 많이 타 부모를 안타깝게 하고 있다.

그렇지만 아이를 학원에 보내더라도 학습 위주가 아닌 흥미와 놀이 중심의 학원을 선택하는 것이 좋다. 저학년 때 공부 부담을 지나치게 심어주면 얻는 것보다 잃는 것이 훨씬 많기 때문이다. 그보다 더 좋은 선택은, 학원 보내기에 앞서 아이가 다니는 학교에서 운영하는 '방과후학교'를 알아보는 것이다.

아직까지 많은 학부모들이 사설 학원을 선호하고 방과후학교에는 큰 관심이 없는 편이다. 하지만 방과후학교에는 외국어, 수학 등 학과 공부를 비롯하여 그림 그리기, 악기 배우기, 종이접기 등 다양한 특기 적성 프로그램도 마련되어 있어 아이들이 유익한 시간을 보낼 수 있다. 한 예로, EBS에 소개되기도 했던 서울 강남의 반원초등학교는 방학 동안 무려 190가지가 넘는 다양한 강좌를 운영했다. 교육의 질이 높고 수강료도 저렴해서 학부모와 아이들로부터 큰 호응을 얻었다.

아이의 적성에 맞추어 방과후학교 수업을 듣게 하고, 때로 학교 도서관까지 활용하여 책을 읽도록 해보자. 동네 학원을 순회하는 것보다 알차고 안전하게 저녁 무렵까지 시간을 보낼 수 있을 것이다. 만약 내 아이가 다니는 학교의 방과후학교 프로그램이 아직 만족스럽지 못하다면, 학부모가 더 큰 관심을 갖고 학교와 협의해서 내실을 갖추도록 요구할 필요가 있다.

맞벌이를 하면서 두 아이를 듬직하고 공부도 잘하는 고교생으로 키워낸 B씨의 경험담을 들어보자.

"저는 큰아이를 학원 대신 방과후학교에 보냈어요. 그런데 그때의 체험이 아이에게 문화적 소양으로 남았나 봐요. 그때부터 중3 때까지 피아노, 미술, 서예, 발레 등을 번갈아가며 배웠는데, 제가 시킨 것이 아니었어요. 스스로 좋아서 배운 거죠. 아이가 나중에 무슨 일을 하며 살더라도 스스로 문화를 즐길 수 있는 안목과 소양을 갖춘 것 같아 뿌듯해요."

유아기부터 책 읽기에 흥미를 들인 아이라면 방과 후 시간을 알차게 보낼 수 있는 방법이 더 많다. 학교 도서관에서 하루에 한두 권씩 규칙적으로 그림책이나 동화책을 읽을 수도 있고, 근처 어린이도서관에서 전문 사서가 운영하는 독서 프로그램에 참가할 수도 있다.

도서관은 방과후학교와 함께 맞벌이 부모들이 각별히 관심을 기울여야 할 공간이다. 주말에 가족이 함께 도서관 나들이를 하고, 주중에는 방과 후에 아이 혼자 도서관에 다니는 습관을 들여보자. 아이는 그곳에서 좋아하는 책을 스스로 찾아 읽으면서 주도적으로 지식을 형성해나가게 된다. 저학년 때 도서관을 즐기는 습관을 들여주면, 아이는 그곳을 스스로 궁금증을 해결하고 자료를 찾아가며 공부하는 자기주도학습의 전당으로 활용하게 된다.

저학년 시기의 독서에서 가장 중요한 것은 부모의 적절한 '관심'과 아이의 자발적인 '흥미'다. 사실 모든 아이들이 책 읽기를 좋아하는 것은 아니다. 같은 부모, 같은 환경에서 자랐는데도 큰아이는 독서에 빠져 살고 작은아이는 축구만 좋아하는 경우가 얼마나 많은가? 책을 좋아하는 정도는 개인의 특성에 따라 차이가 있으며, 그것은 자연스러운 현상이다.

하지만 부모는 모든 아이에게 독서의 기회를 충분히 제공하고, 아이의 성장에 따라 적절한 독서 환경을 조성해주는 데 최선을 다해야 한다. 책은 부모의 경험적 한계를 넘어서 아이에게 풍부한 삶의 자산을 제공해주는 최고의 교육 매체이고, 모든 공부의 바탕인 사고력과 이해력, 어휘력과 논리력을 향상시켜주는 훌륭한 교사다.

초등 저학년 때부터 학원 공부에 시달리느라 독서할 기회를 충분히 갖지 못한 요즘 아이들의 어휘력 수준은 매우 우려할 만한 상황이다. 어휘력 부족은 바로 전과목 학습 부진으로 이어진다. 어휘력과 독해력이

주말 저녁 온 가족이 서점으로 나들이를 나와 각자 읽고 싶은 책을 골라 집중하여 읽고 있다. 자녀에게 책 읽는 습관을 길러주는 가장 좋은 방법은 부모가 함께 독서를 즐기는 것이다.

부족한 아이들은 중학교 때까지는 이런저런 사교육을 통해 겨우 성적을 유지한다 해도, 고등학교에 올라가면 더 이상 버티지 못한다.

이처럼 책 읽기를 통해 자연스럽게 습득되는 어휘력, 이해력, 사고력은 모든 교과목을 학습하는 데 매우 큰 위력을 발휘한다. 따라서 내 아이를 공부 잘하는 아이로 키우고 싶다면 어려서부터 책 읽기를 좋아하도록 잘 이끌어주는 것이 가장 좋은 방법이다

이때 주의할 점이 하나 있다. 독서 교육에 대한 부모의 관심이 지나쳐서 아이의 '자발적 흥미'를 해치면 안 된다는 것이다. 아무리 독서가 좋다고 해도 자녀의 자율성을 침해하면서까지 강요하는 방법은 좋지 않

다. 책 읽기가 자발적으로 실천하는 즐거운 체험이 되어야만 아이가 지치지 않고 오래도록 이어갈 수 있다. 부모의 지나친 관심과 열성은 자녀 스스로 능력을 발견하고 꿈을 키워가는 것을 종종 방해한다.

어떻게 하면 아이들이 자발적으로 독서에 흥미를 느끼도록 할 수 있을까? 가장 좋은 방법은 부모 스스로 아이의 책에 관심과 흥미를 갖는 것이다. 그림과 글을 이해하고 감상하는 안목을 키우기 위해 따로 교육을 받을 필요도 있다. 그리고 그것을 바탕으로 아이와 책을 통한 소통을 하는 것이 중요하다.

어린 시절부터 엄마와 아빠가 책 속 이야기를 들려주고 읽어주었던 기억, 책 내용을 두고 서로 주고받은 대화, 이 즐거운 기억들이 독서의 즐거움에 빠져드는 데 밑거름이 된다. 독서와 대화는 자녀 교육의 쌍두마차다. 많은 부모들이 아이에게 책을 많이 읽히는 것이 중요하다는 착각을 한다. 책 읽기보다 중요한 것이 책 읽기와 그 내용을 둘러싼 대화를 통해 사고의 폭과 깊이를 확장하도록 돕는 것이다. 아이의 성장에 따라 적절한 대화의 방식을 개발해보자.

아이가 책 읽기에 별로 흥미를 나타내지 않는다면 어떻게 해야 할까? 아이의 관심사를 고려하여 독서를 진행하는 것이 가장 좋은 방법이다. 아이가 운동을 좋아한다면 스포츠에 관한 책을, 곤충을 좋아한다면 곤충 관련 책부터 읽도록 하는 것이다. 이때는 연령별, 학년별 권장 도서보다 내 아이의 관심 분야에 초점을 맞추는 것이 중요하다.

한 대학의 연구 교수로 있는 P씨는 석사학위를 마친 뒤 첫아이를 출산했고, 박사학위 논문을 마칠 즈음 둘째를 출산했다. 연구와 육아를 병행했으니 얼마나 바빴을까? 연극배우인 남편이 시간 나는 대로 가사를 도왔고, 아이들의 양육은 시부모님이 맡아주셨다.

상대적으로 시간이 자유로운 남편과 시부모님이 가사와 육아를 도왔으니 남들에 비하면 여건이 좋은 편이었다. 하지만 문제가 없었던 것은 아니다. 큰아이의 경우, 피아노학원에 한 시간 동안 보내는 것 말고는 일체 다른 사교육을 시키지 않았는데, 아이의 취미가 텔레비전 시청이 되어버린 것이다. 할아버지와 함께 '주먹 세계'를 다룬 드라마를 즐겨 보았고, 방학 때는 낮에 하는 재방송도 빼놓지 않고 보았다.

P씨는 저녁 시간마다 대화를 나누며 아이의 특성을 밀도 있게 탐색하기 시작했다. 그리고 아이가 자동차를 무척 좋아한다는 사실을 알게 되었다. 그때부터 만화책에서부터 그림책, 동화책에 이르기까지 자동차를 소재로 한 책들을 하나씩 사다주었다. 머잖아 아이가 이 책들에 빠져들기 시작했다. 텔레비전 드라마보다 더 재미있는 새로운 관심사가 생긴 것이다.

아이 스스로 독서 계획을 세우게 하고, 독서 기록장을 검토한 뒤에는 도장을 찍고 코멘트를 달아주었다. 칭찬과 용돈 등 적절한 보상도 곁들였다. 부모의 칭찬과 인정은 아이의 독서에 엔진을 달아주었다. 자동차에 대한 관심이 배나 비행기 같은 탈것으로 확장되더니, 4학년인 지금은 또래에 비해 꽤 수준 높은 독서를 다방면으로 즐기고 있다.

초등 저학년 아이를 둔 부모들이 보육과 독서 못지않게 관심을 기울여야 할 영역이 하나 있다. 바로 또래들과 함께 즐기는 '놀이'다. 놀이는 저학년 아이들의 인지·정서 발달, 사회적 유능성 발달과 관련하여 부모들이 새롭게 생각해보아야 할 주제다.

소아정신과 전문의들은 저학년 아이들의 '학원 뺑뺑이'나 강도 높은 영어 학원 수강 등 요즘의 사교육 풍토를 심각한 우려의 눈으로 바라본다. 아직 한창 놀고 싶어 할 나이의 아이들이 엄마의 지시에 순응해서 몇 군데 학원을 순회하면서도 반항하거나 거부하지 않는 것은 부자연스러운 일이며, 심리적으로도 위험하다는 것이다.

마찬가지로 아동학자들은 요즘 아이들이 어릴 때부터 학원에 다니면서 또래들과 뛰어노는 경험을 쌓지 못하는 것이 두뇌 발달에 장애를 가져올 가능성이 높다고 지적한다. 친구들과 규칙에 따른 게임을 하거나 경주를 하는 과정에서 기초 체력이 단련되는 것은 물론이고 상황 판단력, 의사 소통력, 문제 해결력처럼 사회생활에 매우 중요한 지적·정서적 능력이 성장하기 때문이다.

최근 들어 대학과 기업 등에서 젊은이들의 전반적인 지적 역량이나 기획력, 판단력 등이 과거보다 현저하게 낮아졌다는 우려의 목소리가 나오고 있다. 이 같은 상황이 벌어진 데는 어린 시절부터 잡다한 사교육에 시달리느라 제대로 '놀지' 못한 성장 환경이 적잖이 영향을 미쳤을 것이라고 많은 전문가들이 진단한다.

경기도 평촌에 사는 부부 교사 C씨는 아이를 학원에 보내는 대신 마음껏 놀게 하는 쪽을 선택했다. 이 부부는 초등 2학년 남자아이를 하나

방과 후지만 한 아파트 단지의 놀이터가 텅 비어 있다. 초등 고학년생으로 보이는 남자아이가 함께 놀 친구가 없어 심심해하고 있다.

두었다. 부부가 다 귀가가 늦은 편이라 학원에 일체 다니지 않는 아이는 방과 후에 친구들과 놀이터에서 뛰어노는 것이 주요 일과다. 시골에서 자란 아이처럼 얼굴이 검게 그을었을 정도다.

C씨 부부는 이런 상황을 결핍이나 결손으로 생각하지 않는다. 오히려 아이가 그 나이에 누릴 수 있는 자유를 원 없이 누리게 해주고 싶단다. 그런 과정을 통해 아이가 자율적으로 성장하리라 믿는 것이다. 그런데 요즘 들어 고민이 하나 생겼다. 같이 뛰놀던 또래 친구들이 하나둘씩 학원에 다니면서 함께 놀 아이들이 없어진 것이다.

"우리 아이는 요즘 학원 안 다니는 친구를 만나서 학교 운동장에서 실컷 놀고 온 날이면 '오늘은 기분 좋은 날'이라고 이야기합니다. 이러다가는 친구들과 놀기 위해 학원에 보내달라고 조를지도 모르겠다는 생각이 들 정도예요."

C씨 부부가 고민하는 것처럼, 오늘날 한국 사회에서 남다른 교육철학에 따라 자녀를 키우는 것도 결코 쉽지 않은 일이다. 대다수 아이들이 학원에 다니는 현실에 영향받지 않을 수 없기 때문이다. 그렇다고 해서 남들 따라 아이를 무작정 학원에 보낼 수도 없는 노릇이다. 아이들이 성장 과정에서 제때 경험하고 누려야 할 것을 겪고 누리지 못하면, 그것이 반드시 결핍이나 왜곡으로 작용한다는 것은 상식으로 판단해도 알 수 있는 일이기 때문이다.

이 같은 상황을 헤쳐나가는 데는 '함께 하는 지혜'가 필요하다. 각자 혼자서 애쓰기보다 생각이 통하는 사람들끼리 소통하고 연대하는 것이 더 효과적이다. 예를 들어, 한 동네에 사는 맞벌이 부모들이 뜻을 모아 아이들을 다 함께 방과후학교에 보내고, 학교 운동장에서 같이 뛰어놀게 한다면 어떨까? 학원을 순례하는 것과는 비교할 수 없을 만큼 소중한 교육적 결실을 얻을 수 있을 것이다.

아이가 초등 고학년이라면

"초등 3학년 이상이 되면 혼자 학습하도록 돕는 게 좋습니다. 학원은 취약한 과목으로 한두 개 정도 다니고, 남는 시간은 무료하지 않게 공부하면 됩니다. 가장 좋은 방법이 독서입니다. 책을 읽다 보면 서너 시간은 훌쩍 보내게 되므로 엄마는 저녁 때 체크해주고 적절한 보상만 해주면 됩니다. 책을 좋아하는 아이로 키우는 것은 맞벌이 부부가 학원에 의존하지 않고 자녀를 교육하는 핵심 방법입니다."

신을진 한국사이버대학 상담학부 교수의 조언이다. 맞벌이 부부에게는 이처럼 여유로운 마음을 가지고 자신의 '핸디캡'을 장점으로 전환하는 지혜가 필요하다. 전업주부의 경우, 자칫하면 엄마 주도로 아이를 관리해나가기 쉽다. 이에 비해 맞벌이 가정은 아이가 시간 관리와 학습 관리 등을 주도적으로 해나갈 기회를 마련해줄 수 있다는 장점이 있다. 어린 시절부터 자율적인 관리 능력을 키우는 것은 황금과도 바꿀 수 없을 만큼 소중한 교육이며, 이는 자기주도적 학습 능력으로 직결된다.

신 교수의 말대로 3학년부터는 자녀가 혼자 있는 시간을 스스로 학습하는 기회로 전환하고, 부모가 이를 적극 지원하는 것이 좋다. 그러려면 먼저 부모들이 '학습이나 책 읽기가 가장 즐거운 집안 환경'을 만들어줘

신을진 한국사이버대학 상담학부 교수가 독서 지도의 중요성을 강조하고 있다. 특히 초등 3학년 이후부터는 스스로 공부할 수 있는 자립심을 키워줘야 하며, 독서가 그 핵심 방법이라고 설명한다.

야 한다. 무엇보다 컴퓨터, 인터넷, 게임, 휴대전화, 텔레비전 등을 아예 없애거나, 이들을 관리 가능한 환경으로 만들어놓으면 아이들이 자연스레 책 읽기와 공부에 관심을 갖게 된다.

초등 고학년 시기에 '공부'와 '유해 환경 관리'라는 면에서 아이를 방임하는 것은 좋지 않다. 맞벌이 부모는 특히 통제하지 못하는 미디어 환경을 그냥 방치해서는 안 된다. 많은 시간을 아이와 함께하지는 못해도 부모로서 '알 것은 정확히 알고', 원격으로 '지도할 것은 분명히 지도'해야 한다.

만약 학교에서 본격적으로 지식 교육이 시작되는 초등 고학년 시기에 학습 결손이 누적되면 나중에 회복하는 데 적잖은 어려움이 따른다. 그리고 무엇보다 아이 스스로 학업에 자신감을 잃는다면, 이보다 더 큰 손실은 없다.

중독성 있는 컴퓨터 게임으로 대표되는 유해 환경도 고학년 아이들에게 강력한 유혹이 된다. 특히 대부분의 남자아이들은 이 유혹을 쉽게 뿌리치지 못하기 때문에 부모의 적극적인 지도와 관리가 불가피하다.

이처럼 공부에 방해되는 환경을 잘 관리하고, 아이와 함께 독서와 공부 계획을 세워 점검하고 보상하는 노력을 꾸준히 하며, 많은 대화 시간을 가지면 아이는 스스로 잘 자라게 되어 있다. 그런데 구체적으로 어떻게 하는 것이 좋을까? 비슷한 고민 속에서 다양한 방법을 실천해본 경험자들의 이야기를 통해 실마리를 찾아보자.

"저도 아이가 셋이에요. 지금 큰딸이 중학교 3학년이고 작은딸이 초등 6학년, 막내인 아들은 3학년이죠. 저는 큰아이가 초등 2학년일 때까지 전업주부였어요. 그런데 IMF로 남편이 운영하던 회사가 부도났죠. 그때부터 제가 나서서 가게를 운영하게 되었어요.

새벽에 나가서 밤 12시가 되어야 집에 돌아오는 생활이 계속되었어요. 그러니 아이를 챙길 경황이 없었죠. 그냥 방치한 셈이에요. 그나마 다행이었던 것은, 아이랑 어릴 때부터 책 읽기를 즐겼던 것이 큰 힘이 되었어요. 아이가 집에서 스스로 학교 공부를 하고, 남는 시간에 책을 읽었죠.

그리고 저는 아이가 초등 1학년일 때부터 자기 할 일은 스스로 하는 자율적인 생활을 요구했어요. 그랬더니 이것도 제가 어려울 때 큰 힘이 되었어요. 큰아이가 스스로 설거지, 청소, 동생 돌보기 등을 맡아 해낸 거죠. 지금도 아이들이 교복, 실내화 등을 각자 알아서 빨래하고 챙깁니다."

K씨의 이야기다. 그의 어조에는 듬직하게 자라준 아이들에 대한 사랑과 자부심이 짙게 묻어났다. 이 이야기의 키워드는 취미(독서)와 자율성이다. 사실 유해 환경을 이겨낼 수 있는 가장 강력한 백신은 그것을 능가하는 아이의 취미다. 비단 독서만이 아니라 음악 감상, 공예, 스포츠, EBS 등에서 방영하는 양질의 교양 다큐멘터리 시청, 교육용 게임, 봉사

활동 등 아이의 특성과 취향에 따라 다양한 취미를 개발할 수 있다.

초등 저학년 시절부터 아이가 즐겁게 몰두할 수 있는 취미를 개발하도록 돕고, 그것을 매개로 계속 소통해나가는 것이 초등 고학년 시기에 유해 환경을 극복하는 좋은 방법이 된다. 부정적 요소를 압도할 만한 긍정적 요소를 차근차근 구축해나가는 것이다. 수준 높은 문화 예술과 미디어를 꾸준히 체험한 아이들은 쉽게 저급한 문화에 빠져들지 않는다.

K씨의 경험담에서 또 하나 주목할 것이 '자율성'이다. 부모의 사회활동으로 아이가 혼자 있는 시간이 많을 수밖에 없는 환경을 아이의 자율성을 키우는 계기로 적극 활용한 것이다. 자율성이야말로 부정적인 요소를 스스로 관리하고 절제하며, 건전한 생활과 학습의 동력을 만드는 가장 확실한 방법이다. 그러려면 아이에게 청소나 쓰레기 버리기, 신발 정리, 식사 때 수저 놓기 등 적절한 집안일을 맡기고 칭찬과 용돈으로 보상하는 등 자율적인 생활 습관을 형성해줄 프로그램을 꾸준히 실천하는 것이 필요하다.

공부, 독서, 컴퓨터, 자유 시간 등 하루의 생활 계획을 아이 스스로 세우고 매일 실천한 내용을 기록하게 하는 것도 좋은 방법이다. 부모는 저녁마다 아이와 함께 그 결과를 점검하고 평가해서 그것이 습관화되도록 도우면 된다. 아이는 일주일쯤 지난 뒤 계획의 80~90%를 실천한 자신의 모습을 보면서 큰 성취감을 느낄 것이다.

이렇게 부모와 함께 자율성을 훈련하고, 계획과 실천의 오차를 스스로 점검하면서 자기주도학습의 토대를 닦아간다면, 아이는 생활과 공부에 자신감과 효능감을 갖게 될 것이다.

초등학생 때부터 누적된 자발적 학습의 경험은 아이가 고등학생, 대학생이 된 후에도 지치지 않고 꾸준히 공부할 수 있는 든든한 밑천이 된다. 그리고 어려서부터 축적된 주도적 삶의 경험은 마치 마라톤과도 같은 인생을 멋지게 달려갈 수 있는 최고의 에너지원이 된다. 한 학부모의 체험담을 귀담아 들어보자.

> "초등 5학년 겨울방학 때, 수학 공부를 확실히 잡아줄 필요가 있다고 판단하여 아이를 수학 전문 학원의 방학 아카데미에 보냈어요. 5학년 2학기를 총 복습하고, 6학년 1학기를 선행학습하는 타이트한 프로그램이었죠. 그런데 아이의 의사를 무시하고 강요하다시피 한 것이 문제였던지 역효과가 나고 말았어요. 그래서 생각을 바꾸었죠. 아이 스스로 계획을 세워서 꾸준히 학습하도록 하고, 좋아하는 책을 읽거나 쉴 수 있는 시간을 충분히 갖도록 했어요. 그러자 그때부터 아이의 공부가 자리를 잡아가기 시작했어요."

몇 해 전부터 기업, 학교 등 사회 곳곳에서 20~30대 '엄마 키드'들에 대한 '괴담'이 심심찮게 들려온다. 외국에서 박사 학위를 받고 돌아온 뒤 "엄마, 나 이제부터 뭐하지?"라고 물었다는 아들 이야기, 학교에서 속상한 일이 있었다는 이유로 무단결근한 초임 교사의 가정을 방문

했다는 교장선생님, 교사인 아들을 대신해서 학교로 교장선생님을 면담하러 오는 어머니와 아버지……. 기업 간부들은 "그 친구 엄마가 항의하러 올지 모르니까 조심해!"라는 말을 농담 반 진담 반으로 주고받기도 한단다.

이 이야기들의 주인공에게는 공통점이 있다. 어린 시절부터 엄마의 기획과 진두지휘 아래 사교육에 의존해서 이른바 명문대를 졸업한 뒤 사회에 진출했다는 것이다. 이처럼 지나친 경우는 아니더라도, 이른바 주류적 사교육 프로그램에 따라 성장해온 서울 강남 출신-특목고-명문대 그룹들이 사회 각 영역에서 소극적이고 미미한 역할을 하며 위축되어 있다는 사례가 자주 거론되고 있다. 그것은 성장기에 자율성과 주도성을 심각하게 침해받은 결과일 것이다.

"책 읽기를 좋아하던 녀석인데 이상하게 중학생이 되고부터는 책 읽는 것에 싫증을 느끼더라고요. 학교 공부에 지쳐서 그런 것 같기도 하고, 컴퓨터나 PMP 같은 미디어 영향 때문인 것도 같아요. 그래도 PC방에는 가지 않고, 토요일에만 두 시간 동안 게임 하기로 한 약속을 잘 지키고 있어서 크게 불안하지는 않습니다. 다만 워낙 요즘 아이들이 접하는 미디어 환경이 혼탁하고 우리 아이도 그 환경 속에 자유롭지 않기에, 아이가 중심을 잘 잡고 살아야 할 텐데 하는 염려는 있지요."

부부 교사인 K씨의 경우처럼 고학년 자녀를 둔 맞벌이 부모의 가장 큰 고민 가운데 하나가 유해 미디어 환경이다. 특히 컴퓨터는 아이들의 공부와 생활을 위협하는 대표적인 골칫거리다.

맞벌이 가정은 대부분 아이들과 약속을 통해 컴퓨터 사용 시간을 통제한다. 부모가 집에 없을 때는 컴퓨터를 켜지 않는 것을 원칙으로 하고, 학교 숙제 등으로 부득이 컴퓨터를 사용해야 할 때는 전화로 허락을 받도록 하는 가정도 있다. 하루에 한 시간씩 시간을 정해서 부분적으로 허용하는 가정도 있고, 매주 토요일마다 두 시간씩 컴퓨터를 사용하게 하는 경우도 있다. 또 어떤 집에서는 엄마가 출근할 때 아예 컴퓨터 마우스를 감추어두고 나가기도 한단다. 세 아이의 엄마인 L씨의 이야기를 들어보자.

"우리 집은 세 아이에게 하루에 한 시간씩 번갈아가며 컴퓨터를 사용하도록 했어요. 그랬더니 자기 사용 시간이 지나면 다른 아이가 하는 것을 뒤에서 구경하거나 참견하고 텔레비전을 보는 등 시간을 무의미하게 보내는 거예요. 그래서 고민 끝에 컴퓨터를 각자 한 대씩 사주었죠. 그런데도 결국 막내가 제재가 안 되었어요. 자주 약속한 시간을 넘겼죠.
그래서 생각해낸 방법이 3형제 공동 책임제였어요. 한 명이라도 사용 시간을 오버하면 세 아이 모두에게 불이익을 주겠다고 했죠. 그랬더니 서로 감시도 하고 제재도 하면서 자율적으로 시간을 지켜가기 시작했어요."

비단 L씨 가정만의 이야기가 아니다. 아이가 고학년이 되면 거의 모든 가정에서 컴퓨터를 둘러싸고 부모와 아이의 신경전이 벌어지고, 부모는 부모대로 아이는 아이대로 기발한 방법들을 동원한다. 그런 진통을 겪으면서 차차 룰이 잡히고 질서가 생기는 것이 보통이다. 하지만 모든 부모가 아이의 과도한 컴퓨터 사용이나 게임 중독을 막아내는 것은 아니다.

부모와 아이 모두 지치기 쉬운 이 전투에서 핵심은 무엇일까? 결국은 아이의 자율성만이 문제를 근본적으로 해결하는 열쇠라는 사실을 인식하는 것이다. 적절한 통제와 대화를 통해 절제가 필요하다는 것을 아이 스스로 깨닫고 노력하지 않는 한 이 문제는 해결되기 어렵다.

'내가 일을 그만두고 집에 있으면 아이의 컴퓨터 사용을 통제할 수 있지 않을까?'

'아이를 늦게까지 학원에 보내놓으면 컴퓨터 할 시간이 없지 않을까?'

이런 생각도 다 부질없다. 아이가 스스로 문제를 알고 궁극적으로 마음을 바꾸지 않는 한, 부모가 사춘기에 접어든 아이를 통제하는 데는 한계가 있다.

직접 아이를 관리하겠다는 마음으로 집에 들어앉았다가 잦은 마찰 때문에 부모와 아이 모두 큰 스트레스를 받고 오히려 관계만 악화된 사례도 적지 않다. 또 학원이나 독서실에 보낸다고 해서 문제가 해결되는 것은 더더욱 아니다. 학부모 H씨의 말을 들어보자.

"제가 일 때문에 목동 파리공원 근처, 전문 학원이 밀집해 있는 한 오피스텔에 자주 들렀던 적이 있어요. 그 건물 지하에 규모가 매우 큰 PC방이 있죠. 그곳엔 매일 빈자리가 없어요. 매번 10여 명의 아이들이 PC방 입구에 서서 자리가 나기를 기다리더라고요. 전부 초·중학생들이에요. 그 건물에 있는 학원에 다니는 아이들인 거죠."

이 사례에서 느낄 수 있듯이, 부모가 아이들의 미디어 사용을 완전히 통제한다는 것은 불가능에 가깝다. 오히려 적절한 선에서 제한적으로 허용하고 양성화하는 지혜가 필요하다. 가장 나쁜 경우는 부모의 강압적인 통제가 지나쳐서 아이들과 관계가 나빠지고, 소통의 끈이 단절되어버리는 것이다. 앞의 K씨의 경험담을 들어보자.

"휴대전화를 사주지 않으려 했는데, 결국 중학교에 올라가면서 허락했어요. 또 친구의 PMP를 빌려와서 즐기는데 너무 오랫동안 갖다 주지 않는 것 같아서 제게 선물로 들어온 것을 하나 주었어요. 막아야 하나 허용해야 하나, 정말 많이 고민했죠. 그러다 결국 '일단 허용하고 나서 관리하는 것이 낫다. 모든 것을 막으면 우리와 대화도 막히고, 아이는 보이지 않는 곳에서 할 것 다 할 테니 그게 더 위험하다'는 아내의 말을 듣고 그렇게 하자고 했지요. 지나고 보니 아이와 대화의 끈이 끊어지지 않은 것이 참 다행인 것 같습니다."

공부도 생활도 아이의 자율성이 생명이다. 부모는 단지 환경을 조성하고 동기를 부여하는 조력자이며 스폰서일 뿐이다. 선택을 하는 것도, 힘들여 노력하는 것도 결국은 아이 자신의 몫이다.

어쩌면 우리는 컴퓨터, 휴대전화 등 아이들이 빠져드는 미디어에 대해 지나친 경계심을 가지고 있는지도 모른다. 우리가 어린 시절에 경험해보지 못했던 것들이기 때문이다. 지금의 PC방은 우리 시절의 만화방이다. 만화는 당시 어른들이 보기에 자녀를 망치는 대표적인 유해 매체였다. 공부는 안 하고 만화방에 들락거린다고 부모님께 혼났던 기억이 없는가? 부모님께 살짝 거짓말하여 타낸 용돈으로 불량식품을 사먹거나 만화를 빌려본 일이 없는가?

사이버 공간은 요즘 아이들의 놀이터다. 예전에는 아이들이 동네 놀이터나 골목에서 뛰어놀았지만, 지금은 사이버 공간에서 만나 수다를 떨고, 게임을 하며 놀고, 새로운 친구를 사귀고, 진지한 대화도 나눈다. 실제로 컴퓨터 게임을 즐기는 아이들 가운데는 게임 자체보다 온라인에서의 소통과 사귐에 더 빠져 있는 경우도 많다. 그렇게 놀면서 기분을 전환하고 스트레스도 푼다. 사회 환경이 변한 데 따른 어쩔 수 없는 측면도 있는 것이다.

컴퓨터 사용을 무조건 억제하고 통제하기보다 먼저 아이들의 세계를 이해하고 공감한 뒤 스스로 절제하도록 꾸준히 대화를 나누는 것이 좋

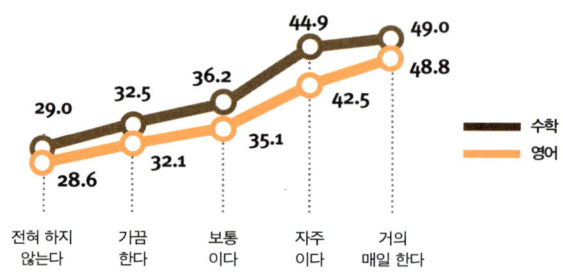

다. 아이와 함께 컴퓨터 게임 제작자들이 중독을 유도하기 위해 마치 도박과도 같은 사행성 코드를 어떻게 심어놓았는지를 조사해보거나, 도박을 하는 사람의 뇌에서 활성화된 부위와 컴퓨터 게임을 하는 사람의 뇌에서 활성화된 부위가 서로 같다는 사실을 알려주는 뇌 영상 사진을 같이 살펴보는 것은 어떨까? 휴대전화 업체들이 어린 고객들을 유혹하기 위해 어떤 마케팅 전략을 사용하는지를 구체적으로 조사하고 토론해보면 어떨까?

이 같은 노력 속에서 아이는 스스로 자기를 지키는 방법을 선택하여 실천하게 될 것이다. 사실 정보 통신 혁명의 시대에 아이들을 미디어로부터 완전히 격리시킬 수 있는 방법은 없다. 차라리 각각의 미디어를 비판적으로 이해하고 긍정적인 방향으로 활용할 수 있도록 인내심을 갖고 교육하는 것이 현명한 부모의 마인드다.

아이들은 스스로 판단해서 공부하고, 절제된 생활을 할 수 있는 잠재 능력을 충분히 갖추고 있다. 단지 부모의 계획과 시간과 방법에 어긋나는 일이 있을 뿐이다. 조급한 마음, 사실 별 근거도 없는 조바심과 불안감, 강박관념을 내려놓고 무조건적인 사랑과 신뢰가 담긴 여유로운 시선으로 아이를 지켜봐주는 것, 그것이 최선의 양육이고 행복한 교육일 것이다.

하나. 맞벌이 가정이 외벌이 가정에 비해 자녀 교육에 관한 핸디캡이 많다고 생각하지 마십시오. 이 상황이 아이를 위해 나을 수도 있다고 관점을 바꿔보세요. 사실 전업주부는 자칫 엄마 주도로 자녀를 관리하고 통제해서 의존적인 아이로 키우기 쉽습니다. 가뜩이나 주도성과 창의성이 강조되는 시대에 이것은 바람직한 일이 될 수 없죠.

맞벌이 가정은 이런 문제로부터 상대적으로 자유롭습니다. 어찌 되었든 아이가 혼자 스스로 주어진 상황을 개척해가야 하니까요. 물론 맞벌이 가정의 경우, 자칫 아이를 완전히 방치하게 되는 문제가 생길 수 있습니다. 외벌이 가정이든 맞벌이 가정이든 간섭과 방임, 이 둘 사이에서 아이에게 일정한 기준을 제시하고 그 안에서 자율적으로 성장하도록 돕는 것이 필요합니다.

부모가 자녀를 완전 방임하는 것이 아니라면, 맞벌이 가정은 아이가 생활 관리와 학습 관리를 스스로 하는 습관을 들이기에 좋은 환경이라고 생각하십시오. 핸디캡을 장점으로 활용하는 지혜가 필요합니다.

둘. 독서는 맞벌이 부부가 학원에 의존하지 않고 자녀를 교육하는 핵심 방법이면서, 모든 교과 학습의 기본이 되는 능력입니다. 그런데 다행스럽게도 독서 지도는 부모님이 아이 곁에 실시간으로 붙어 있어야 하는 일이 아닙니다. 혼자서 책을 읽는 것이 어느 정도 가능한 나이가 되면, 읽어야 할 책을 아이와 부모가 서로 의논해서 결정한 후, 부모님이 귀가하여 잠시 관리만 잘해주어도 되는 일입니다.

셋. 독서 지도를 하려면 시간을 내어 아이에게 책을 읽어주십시오. 아이 스스로 책을 읽을 수 있는 경우라면 아이가 책을 제대로 읽었는지 확인해보십시오. 소감문을 쓰게 하든지, 읽은 것을 이야기하도록 해보세요. 소감문을 쓰게 할 때 분량을 많이 제시하면 독서 자체를 부담스러워할 수 있으므로 내용을 알고 있는지 확인하는 정도면 무방합니다.

아이가 소감문 쓰는 것에 재미를 붙이는 방법이 하나 있습니다. 그것은 부모님이 아이의 소감문에 성의껏 댓글을 달아주는 것입니다. "네가 소감문을 쓰면 그 내용의 두 배로 엄마가 답장할게"라고 약속하여 아이에게 인센티브를 주는 것입니다.

넷. 초등 저학년 때는 방과후학교와 학교 도서관, 인근 어린이도서관에서 제공하는 다양한 프로그램을 활용해보세요. 같은 동네의 맞벌이 부모들이 뜻을 모아서 아이들을 같이 방과후학교에 보내고, 학교 운동장에서 뛰어놀게 하는 것도 좋은 방법이죠. 불가피하게 학원에 보내야 한다면 학습 위주의 학원보다 놀이와 흥미 중심 학원에 보내세요.

다섯. 초등 고학년이 되면 스스로 생활 계획과 공부 계획을 세우고 꾸준히 실천하도록 이끌어주세요. 자율적인 학습 경험이 축적되면 아이들이 큰 성취감을 느끼고, 더욱 공부에 재미를 느끼게 됩니다.

여섯. 맞벌이 가정의 경우, 학습 습관을 형성하는 데 방해되는 유해 환경을 관리하는 것이 매우 중요합니다. 아이가 스스로 인터넷, 컴퓨터 게임, 휴대전화, 텔레비전 등의 미디어 사용 원칙을 세워 절제할 수 있도록 꾸준히 대화를 나누고, 또 절제할 경우 적극적으로 보상하는 것도 좋습니다. 무엇보다 아이들이 부모의 시선이 두려워 거짓말하는 것만큼은 피해야 합니다. 무리한 요구는 아이들의 거짓말을 키우게 마련이니, 정직함을 유지하는 한도 내에서 타협하는 전략을 찾아야 합니다.

또한 미디어를 무방비 상태로 둔 채 아이의 자율적 능력만 기대해서는 안 되고 환경을 정비해야 합니다. 텔레비전을 없애거나, 컴퓨터는 부모님이 귀가했을 때만 허락받고 사용할 수 있다거나, 중학교 때부터 휴대전화를 사용하게 한다거나……. 그러나 완벽한 통제는 불가능합니다. 불가능할 뿐 아니라 반드시 좋은 것만도 아니죠. 아이들이 부모가 보이지 않는 곳, 부모의 통제권 바깥으로 나가게 되면, 자칫 부모와 대화하지 않고 마음의 벽만 쌓을 수도 있습니다. 이것이 가장 위험한 경우죠. 아이들이 원하는 것을 음지에서 양지로 끌어올려, 허용 가능한 것과 원하는 것 사이에서 대화하고 협상해야 합니다. 유해 환경을 완벽하게 통제하는 것보다 더 중요한 것은 아이와 부모 간의 신뢰와 소통의 끈을 잃지 않는 것임을 잊지 마십시오.

우리집이 달라졌어요
자유 시간이 참 없구나!

김원미 (교사, 서울 송파구)

저희 아이들에게는 시간표가 각각 두 개씩 있었습니다. 하나는 학교 시간표, 또 하나는 학원 시간표. 큰 아이가 초등학교에 입학하자마자 '일하는 엄마'로서 자연스럽게 학원 스케줄을 잡기 시작했고, 아이들은 거의 매일 두세 군데 이상 학원을 다녔습니다. 초등 저학년 때부터 주로 피아노, 미술, 태권도부터 시작해서 영어, 수학은 꼭 들었지요.

큰아이는 워낙 처음부터 여러 학원을 다녀서인지 초등 5학년인 지금까지 이런 생활에 적응하는 듯한데, 고집 세고 그림 그리기를 좋아하는 작은아이(초등 2학년)는 학원 순례에 크게 저항했습니다.

하루는 제가 직장에서 일찍 돌아와 아이들을 기다렸습니다. 하교하고 돌아온 두 아이를 반갑게 맞아주려는데 간식을 챙겨주기가 무섭게 학원 갈 시간이라며 아이들이 뛰어나가더군요. 그날 오후 내내 집에 있으며 지켜보니 하교 후 학원 몇 번 왔다 갔다 하는 사이 하루가 금세 다 가는 것이었습니다. 의외로 아이들에게 '자유 시간'이 참 없구나 하는 생각에 잠시 가슴이 저려왔습니다. 그렇다고 학원을 끊어야겠다는 생각을 하지는 않았습니다.

올여름, 우연히 어느 세미나에 들렀다가 홍보 부스에서 〈아깝다 학원비!〉 소책자를 보게 되었습니다. 작은 크기라 금세 읽었는데, 읽고 났을 때 가슴이 뻥 뚫리는 듯한 시원함이라니!

이후 학원을 과감히 정리했습니다. 큰아이는 영어학원, 작은아이는 좋아하는 미술학원만 다니고 있습니다. 갑자기 시간이 많아지자 아이들은 당연히 좋아했지만, 지켜보는 저는 '정말 잘 한 결정일까?' 종종 불안했습니다.

확신을 갖기 위해 '등대지기학교'를 신청했습니다. 그리고 박재원 소장님의 첫 강의! 충격, 감동 그 자체라고 해야 할까요! 사실 애써 외면하던 '불편한 진실'과의 대면이라는 말이 더 옳을 것입니다. 연이어 김성천 선생님의 복습과 동기 부여의 중요성에 대한 강조, 이병민 교수님의 영어 조기교육을 둘러싼 오해 등 '등대지기학교'의 여러 강의들은 자주 무장해제되려는 제 마음을 다잡아주었습니다.

석 달여의 시간이 지난 지금 아이들이 조금씩 변화하고 있음을 느낍니다. 무엇보다 아이들의 변화를 지켜보며 제가 변화하고 있음을 실감합니다.

하루는 움직이기 싫어하던 경도비만의 큰아이가 방과 후 집에 와도 할 일이 없자 제 동생과 함께 공원으로 배드민턴을 치러 가더군요. 몇 주 전부터 주말에 아이들을 데리고 집 근처에 있는 도서관에 가서 책도 읽고 간식도 먹고 오곤 했는데, 얼마 전부터는 큰아이가 학원에 가지 않는 날이면 버스 두 정거장 정도의 거리를 걸어서 혼자 도서관에 가서 수학 문제집도 풀고 책도 읽고 옵니다. 물론 매점 가는 재미와 열람실의 좌석표 뽑는 것에 대단한 흥미를 붙인 이유도 있지만, 엄마가 집에 없는 시간 동안 집에서 빈둥대지 않고 밖에서 활동을 한다는 것은 적어도 큰아이에겐 큰 변화임이 틀림없습니다.

지금은 제 마음이 편하고 넉넉해진 것이 참으로 고맙고 기쁠 뿐입니다. 한국 사회에서 살아남으려면 어쩔 수 없이 해야 하는 공부, 경쟁 그런 것에서 완전히 자유로워졌다고 할 수는 없습니다. 하지만 '사교육걱정없는세상'과의 만남을 통해 교육에 대해 새로운 눈, 아니 어쩌면 애써 외면해왔던 평범한 진리들 — 아이에 대한 사랑, 믿음, 기다려주고 지켜봐주기 — 을 믿고 실천할 수 있는 근거를 찾았기 때문입니다.

5
학원에서 선행학습하면 학교 진도 나갈 때 효과 있지 않나요?

" 영어와 수학 같은 주요 과목은 방학 중에
다음 학기 내용을 선행학습하는 것이 꼭 필요해요.
미리 공부하지 않고 학교 수업만 들어서는
제대로 이해하기 어렵거든요.
방학 때 학원에서 미리 공부한 다음 학교에서 수업 듣고,
시험 기간에 또 한 번 시험 대비 문제를 풀면
최소한 세 번은 반복학습하는 것이니까
성적이 오를 수밖에 없어요. "

많은 학부모들이 학원에서 선행학습을 하면 자연스럽게 반복학습이 이루어져 다른 아이들과의 경쟁에서 한발 앞설 수 있다고 생각한다. 이런 믿음을 가지고 너도나도 아이들을 학원의 선행학습 프로그램에 참여시킨다. 또 남들이 다 선행학습을 하는데 내 아이만 하지 않으면 혼자 뒤처지겠구나 싶어서 마지못해 학원에 보내는 부모들도 적지 않다.

선행학습이 학원 사교육 시장의 대세가 된 지 이미 오래다. 우리 단체가 2009년 4월에 실시한 조사에 따르면, 초등 6학년생 627명 가운데 자기 학년 수준의 영어 사교육을 받는 학생은 28.7%에 지나지 않았다. 절반 가까운 아이들이 중학교 수준의 내용을 배우고 있었으며, 고등학교 과정을 배우는 아이들도 14%에 이르렀다. 특히 특목고를 지망하는 아이들은 80% 정도가 선행학습을 받고 있었다.

수학은 어떨까? 마찬가지로 절반 이상의 아이들이 중·고교 수학 과정을 앞서 공부하고 있었다.

초등학교 때부터 영어와 수학을 중심으로 선행학습하는 것이 하나의 트렌드로 자리 잡으면서, 학원들은 학부모들을 사로잡을 수 있는 더욱 강력한 선행학습 프로그램을 경쟁적으로 개발해 출시하고 있다. 수학으로 유명한 한 학원의 여름방학 프로그램을 살펴보았다. 초등 6학년을 위해 개설된 13개 반 가운데 한 학기 선행(6-나)반은 단 하나뿐이었는데, 그마저도 개념 학습이 아니라 응용과 심화학습으로 편성되어 있었다. 나머지 12개 반은 중 1학년 1학기부터 중 3학년 2학기까지를 선행학습하고 있었다.

학원에서 주도하는 선행학습은 이미 방학 때 다음 학기 내용을 미리 공부하는 '소박한' 수준을 넘어선 지 오래다. 대부분의 학원들은 1년, 심지어 2~3년씩 학교 진도를 앞서가는 선행학습 프로그램을 운영하고 있다.

선행학습 과열 경쟁이 본격화된 것은 외국어고, 과학고, 자립형 사립고(민사고, 상산고) 등 특목고의 인기가 높아진 2000년 이후부터다. 지금까지 특목고 입시는 실제로 정상적인 중학교 교육 과정만으로는 대비하기가 힘들었고, 2~3년 선행학습은 특목고 준비생의 필수 코스였다. 그러나 2011년도부터 시행되는 특목고, 자사고 등 입시 제도 개선안에 따라 이 같은 선행학습의 필요성은 사라지게 되었다(자세한 내용은 〈9. 외국어고에 가려면 학원의 로드맵을 무시할 수 없잖아요?〉 참고).

그럼에도 불구하고 학부모들은 불필요한 선행학습의 관행에서 완전히 벗어나지 못하고 있다. 여전히 믿고 있는 것이다. 선행 지수가 곧 아이들의 실력 지수라고! 선행학습을 많이 한 아이일수록 공부 잘하는 아이이며, 과도한 선행학습을 하는 아이들이 많은 학원일수록 좋은 학원이라고!

그러면서 우리는 애써 외면하고 있는 것이 아닐까? 선행학습으로 인한 과도한 학습량 때문에 적잖은 아이들이 공부를 중도에 포기하고 있다는 사실을! 2~3년을 앞서가는 비정상적인 선행학습은 효과보다 부작용이 훨씬 큰 무모한 선택이라는 진실을!

학원가도 인정,
효과는 적고 부작용은 많아

우리 단체에서 주최한 외국어고 문제 토론회에서 한국일보의 김진각 기자는 과도한 선행학습의 실태를 이렇게 전했다.

> "서울 강남의 수학, 영어 전문 학원에 가 보면 초등 저학년임을 한눈에 알아볼 수 있을 정도로 어린 학생들을 쉽게 목격할 수 있습니다. 특히 '영재학원'이라는 이름이 붙은 학원에 초등학생들이 득실거리죠. 이 학원에서 가르치는 것은 무엇일까요? 고등학교 과정입니다. 초등 4~5학년생들이 고교 수학을 풀고 있는 거예요."

이처럼 상식적으로 이해하기 어려울 정도의 선행학습을 진행하는 학원에 아이를 맡기는 사람은 누구일까? 바로 학부모들이다. 왜 이런 선택을 할까? 거기에는 학부모들 사이에서 유통되는 아래와 같은 자녀 입시 지도의 '지침'들이 큰 영향을 미치고 있다.

> "명문대를 가려면 2~3년 선행학습은 필수예요. 특히 영어는 중3 때 수능 수준까지 마스터해야 해요. 그래야 고등학교 때

다른 과목 입시 준비에 집중할 수 있거든요. 아이를 특목고에 보내려면, 중2 이전에 iBT 토플(인터넷 기반 TOEFL 시험) 100점은 맞아야 하고요."

"수학은 초등 6학년 때 중3 것까지는 끝내두어야 해요. 고등학교 때는 수학 과목의 난이도가 높아지고 학습량이 급격히 늘기 때문에 선행학습하지 않은 아이들은 절대로 따라갈 수 없어요."

"초등 6학년이면 이미 늦었어요. 요즘은 보통 3학년 때부터 특목고 준비를 시작해요!"

많은 학부모들을 사로잡고 있는 이 같은 입시 준비의 '지침'은 어디에서 비롯한 것일까? 바로 학원 등 사교육업체가 생산하고 '옆집 엄마'들이 유통시킨 말들이다.

그러나 사교육의 핵심에 있는 학원 원장들조차 이런 행태가 일종의 '폭력'이라고 고백한다. 무엇보다 어린 학생들의 인지 발달 수준에 맞지 않는 학습 내용과 과도한 학습량을 문제로 지적한다. 이런 방식의 학습은 학생에게 공부에 대한 심한 거부감을 줄 수 있기 때문에 매우 위험한데, 특히 2~3년 이상의 과열 선행학습에서 이 문제가 실제로 대단히 심각하게 나타난다는 것이다. 한 수학 전문 학원 원장은 "초등 6학년에게 고교 수학을 가르치는 것은 일종의 아동 학대"라고 표현하기까지 했다.

또 양심적인 사교육 관계자들은 대부분 학부모들이 믿고 있는 선행학습의 효과도 전혀 근거가 없는 말이라고 이야기한다. 창의력 수학학원을 운영하는 K씨의 이야기를 들어보자.

"3개월 이상 선행학습은 효과가 없습니다. 학원에서 미리 공부해두고 학교에 가면 예습 효과가 있다고 말하는데, 예습은 해당 영역에 대한 탐구심을 키워주는 것이어야 하잖아요. 학원의 선행학습은 문제풀이 중심이에요. 많이 양보해서 3개월 선행학습은 예습 효과가 있다고 보더라도 지금 대부분의 학원은 6개월에서 1년, 심지어 2~3년씩 엄청난 선행학습을 하고 있죠. 미리 수년 전에 배워놓으면 머리에 남아 있는 것이 없어요."

과연 어느 쪽이 옳을까? 입시 경쟁에서 앞서기 위해서는 반드시 선행학습을 해야 한다고 믿는 우리들일까? 아니면 선행학습은 효과가 없고 부작용만 심하다는 학원 관계자들의 증언일까?

우리 단체에서는 그 궁금증을 풀기 위해 2009년 8월에 '선행학습의 실상과 효과'를 따져 묻는 집중 토론회를 세 차례 개최했다. 이 토론회에는 교육 전문가 16인이 발제자와 논찬자로 참여했다. 또 서울, 경기 지역 초·중·고교생 953명의 학업 성취도를 과학적으로 조사, 분석하

선행학습의 실상과 효과를 파악하기 위해 3회에 걸쳐 실시한 연속 토론회 장면. 이 토론회로 선행학습의 허구를 명백하게 밝혀냈다.

여 선행학습의 효과를 실제로 검증해보았다. 결론은 뜻밖에 매우 간명하게 정리되었다. 바로 '선행학습은 효과가 없다'는 것이었다.

먼저 선행학습과 관련한 연구 논문 수십 편 가운데서 선행학습의 효과에 대해 긍정적인 결론을 낸 사례는 단 한 건도 없었다. 학생들의 학업 성취도 조사, 분석의 결과도 놀라웠다. 초·중·고를 막론하고 사교육에 들인 시간과 비용, 선행학습 정도 같은 사교육의 대표 변인 모두 학생들의 학업 성취도에 영향을 미치지 못하고 있었다.

많은 학부모와 학생들의 기대나 믿음과는 달리, 선행학습 사교육의 효과는 실제로 거의 존재하지 않았던 것이다. 조사 결과는 단지 학교 수업에 집중하고, 공부에 흥미와 자신감이 있는 학생들의 학업 성취도가 높다는 사실을 새삼 확인시켜주었을 뿐이다.

선행학습이 공부에 자신감을 갖게 하고 학교 수업을 이해하는 데 도움이 될 것이라는 학부모와 학생들의 생각이 실증적인 증거와 일치하지 않는 주관적 판단이라는 사실은 이미 한국교육개발원에서 진행한 방대한 연구, 조사를 통해 밝혀진 바 있다. 2002년에 한국교육개발원은 이 연구 결과물을 《선행학습 효과에 관한 연구》라는 300여 쪽 분량의 자료집으로 발간하였는데, 이 자료집은 선행학습 효과에 대해 다음과 같이 결론 내리고 있다.

> "통계 분석 결과, 대체로 단기든 장기든 선행학습이 성적의 상승을 가져왔다는 증거는 찾아볼 수 없었으며, 포커스 그룹의 분석에서는 오히려 장기적으로(중학교에서 고등학교까지) 볼 때 꾸준히 과외에 의존한 학생보다는 혼자서 공부한 학생들의 성적이 상승한 경우가 더 많았다."

우리 단체가 개최한 세 차례의 집중 토론회에 참여한 전문가들도 '선행학습의 신화'를 더욱 구체적으로, 현장감 있게, 조목조목 발가벗겨주었다. 전문가들은 하나같이 복습을 통해 공부한 내용을 기억 속에 단단히 자리 잡게 하지 않고 진도 달리기에 급급한 선행학습은 효과가 없을 뿐만 아니라 장기적으로 독이 된다고 입을 모았다.

그들은 또 선행학습의 효과와 효율에 대한 냉정한 검토 없이 자녀를 볼모로 한 진도 경쟁에 뛰어드는 현실을 걱정하면서, 다른 한 편으로 초·중학교 때의 선행학습이 학생들에게 매우 심각한 부작용을 유발하고 있다고 경고하였다.

서울대생은 복습을, 일반 고교생은 선행학습을

"선행학습보다는 정상적인 진도 속에서 난이도 높은 문제를 푸는 심화학습이 더 효과적입니다. 진도를 앞지르는 데 급급한 선행학습은 공부한 것을 기억 속에 저장하지 못해 학습 효과로 연결되지 못하며, 학생의 자기주도적 학습 습관을 방해하기 때문에 매우 해롭습니다. 예를 들어 고1 과정을 선행학습하는 중2 학생에게 자기 학년 수준의 어려운 문제를 냈을 때 맞히지 못한다면, 지금 배우는 고1 과정은 아무런 도움이 되지 않습니다."

조진표 와이즈멘토 대표이사의 말이다. 조 대표만이 아니라 토론회에 참석한 전문가들은 성적을 올리고 입시에서 성공하려면 선행학습이 아니라 복습을 충실히 해야 한다고 입을 모았다.

서울대생 3,000명을 대상으로 조사한 조남호 스터디코드 대표의 연구 결과는 자못 흥미롭다.

왜일까? 무엇보다 '입시 문제의 성격'에서 그 이유를 찾아볼 수 있다. 수능, 논술, 특목고 시험 등은 높은 수준의 사고력과 응용력을 요구하며, 이런 자유자재의 응용을 위해서는 매우 깊은 수준의 '개념 이해'가 꼭 필요하다. 거의 선생님처럼 설명할 수 있을 정도로 개념을 완전히 내 것으로 만들어야 하는 것이다. 그런데 선행학습은 이러한 목표와 정면으로 배치되는 공부 방법이다. 깊은 수준의 개념 이해를 얻는 데는 선행학습이 아니라 이미 봤던 개념을 다시 보는 복습이 더 적합한 학습법이다.

이 사실을 실증적으로 보여주는 좋은 자료가 하나 있다. 학습법을 전문적으로 연구하는 스터디코드가 지난 2000년부터 2007년까지 서울대학교 입학생 3,121명을 대상으로 조사한 자료다. 연구 결과, 그들이 대학 입시에서 뛰어난 성적을 거둔 비결은 선행학습이 아니라 깊이 있

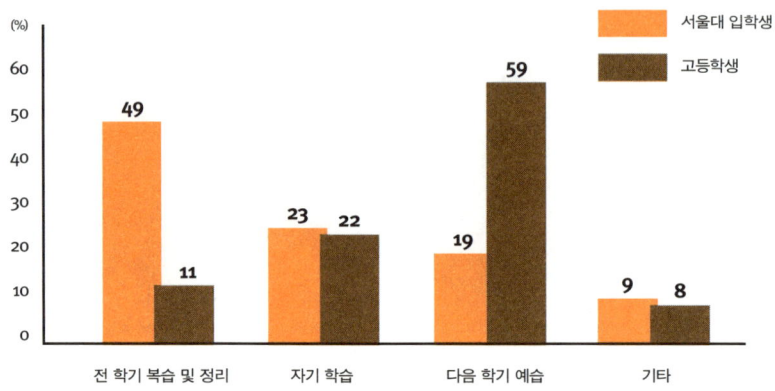

는 복습이었다. 조남호 스터디코드 대표의 이야기를 들어보자.

"서울대에 입학한 비결은 선행학습이 아니라 개념화 능력이었습니다. 4년 동안 서울대생 3,000여 명과 인터뷰를 했어요. 그 학생들이 공부를 잘하는 이유가 선행학습 때문인 줄 알았죠. 그러나 인터뷰 결과, 개념화시켜서 생각할 줄 아는 능력 때문이라는 사실을 확인했습니다. 수능시험은 내용을 달달 암기해서는 풀 수 없습니다. 깊이 생각해야 풀리는 문제가 나오죠. 그런데 남보다 진도를 앞서 나가는 경쟁으로는 깊게 생각하는 능력을 기를 수가 없어요."

스터디코드의 연구 결과를 통해 서울대학교 입학생과 일반 고등학생의 '방학 공부' 패턴에 큰 차이가 있다는 사실을 읽어낼 수 있다. 서울대생이 방학 때마다 '지난 학기 총정리와 복습'에 무게를 둔 반면, 일반 학생들은 '선행학습과 예습'에 치중했다.

서울대생들은 왜 이런 선택을 했을까? 장기적으로 누적된 실력과 사고력을 평가하는 수능 등 입시에서는 경쟁적으로 진도를 빼는 것과 같은 수박 겉핥기식 공부가 통하지 않기 때문이다.

물론 선행학습이 필요하고, 그것을 무리 없이 소화하는 학생들이 있다. 학교의 정상적인 교육 과정에서 다루는 주요 개념과 원리, 내용을 모두 이해하고 응용할 수 있으며, 이를 바탕으로 심화 과정에서도 충분한 성취도에 도달한 학생들이 그들이다.

그들은 일반적인 상위권 학생이 아니라 석차 백분위 5% 안에 드는 최상위권 학생들이다. 이들만이 선행학습의 효과가 있고, 그것을 소화할 수 있다. 하지만 그 외 학생들에게는 굳이 선행학습 사교육이 필요하지도 않고 효과도 없다는 것이다.

문제는 학원들이 이처럼 아주 특별한, 극소수의 사례를 부풀려서 마치 선행학습이 좋은 상급 학교에 진학하기 위한 필수 조건인 것처럼 확대 재생산한다는 것이다. 사실 우리 주변에서 이루어지는 다양한 선행학습 프로그램은 대부분 실제 학습 효과와는 무관하게 학원의 상업적 이유에 따라 기획된 것들이다.

학교 내신이든 특목고 입시든 수능이든 정상적인 교육 과정을 벗어나지 않는 범위에서 출제된다는 원칙이 지켜지는 한, 상위권 학생들에게도 선행학습보다 심화학습이 필요하다. 고등학교 수학교사인 Y씨의 말을 들어보자.

> "저는 선행학습이 상위권 학생들에게 필요하다는 의견에 동의하지 않습니다. 성적이 좋은 아이들도 지금 배우는 것을 더 깊이 이해하는 것이 중요합니다. 선행학습보다 심화학습이 필요한 것이죠. 특히 수학은 복습과 심화학습이 중요합니다. 수학은 위계적 과목이라서 앞의 단추를 잘못 꿰면 계속 꼬이게 됩니다."

지금까지 살펴본 것처럼 대다수 학생들에게 선행학습은 사실상 무의미하며, 기본 개념과 원리에 대한 보충과 심화학습이 절실히 필요하다. 그런데 학원은 이 같은 수요에 대해 모른 척한다. 대다수 학원의 프로그램은 최상위권 학생들을 위한 선행학습에 초점이 맞추어져 있다.

그런데 안타깝게도 학부모들은 선행학습 프로그램에 경쟁적으로 아이들을 참여시킨다. 자녀에 대한 과도한 기대와 조급함, 그리고 막연한 불안감 때문이다. 그 결과, 어떤 일이 빚어지고 있을까? 실제로는 보충과 심화학습이 필요한 대부분의 아이들이 몇몇 아이의 들러리가 되어 효과도 없는 공부에 엄청난 시간과 노력, 비용을 낭비하고 있다.

과연 자신에게 무의미한 선행학습 프로그램을 따라가며 희생양이 되고 있는 초·중학생의 수는 얼마나 될까? 그 비율은 학원 사교육에 참여하는 전체 학생의 90% 이상에 이른다. 초등학교에 근무하는 윤소영 교사의 이야기를 들어보자.

"초등학교 현재 학년 교육과정의 목표 달성에도 미치지 못하는 아이들이 선행학습이라는 이름으로 중학교 문제집을 풀고 있는 모습을 종종 보게 됩니다. 아이들에게 자신이 풀고 있는 문제집은 자존심과도 연결되는 것 같습니다. 실력과 상관없이 특목고 대비 학원에 다녀야 하고, 그 학원에서 나눈 높은 레벨의 반으로 올라가기 위해 노력하는 것입니다."

선행학습의 효과를 입증한 연구 자료는 단 한 편도 없었지만, 선행학습의 부작용을 다룬 논문과 보고서는 많았다. 앞에서 소개한 한국교육개발원의《선행학습의 효과에 관한 연구》도 선행학습의 부작용에 주목하고 있었다. 이 연구들이 공통적으로 지적하는 선행학습의 부작용을 정리해보면 다음과 같다.

첫째, 학교 수업에 흥미를 잃고 집중하지 않는다. 둘째, 스스로 학습하기보다는 학원에 깊이 의존한다. 셋째, 성적의 기복이 상대적으로 심하며, 고등학교 때 성적이 하락하는 경우가 많다. 넷째, 잘못된 개념이나 부정확한 지식을 갖고 있는 경우가 많다.

일선 학교 교사들도 이 연구와 일치하는 증언을 한다. 학원 선행학습을 받은 아이들의 수업 태도가 전반적으로 좋지 않으며, 그릇된 개념을 가지고 있는데도 그것이 쉽게 고쳐지지 않는다는 것이다. 중학교 교사인 H씨의 이야기를 들어보자.

"전에 근무한 학교에서는 굉장히 힘들었어요. 수업할 내용을 이미 알고 있는 아이들이 대부분이었죠. 그런데 학원에서 한 번 수업을 받은 것일 뿐, 제대로 이해한 것은 아니었어요. 단지 그런 문제를 접했다는 것뿐이죠. 그리고 선행학습을 한 아이들의 과목에 대한 흥미도는 떨어지는 것 같아요. 공부를 잘하려면 동기 유발이 되고 호기심이 작용해야 하는데, 그 아이들의 경우 이미 배운 내용이라서 흥미도가 많이 떨어졌습니다."

선행학습을 한 아이들 가운데는 학원에서 한 번 들어본 것이라 어설프게 알면서도 그것을 제대로 알고 있다고 착각하는 아이들이 많다. 그래서 학교 수업에 집중하지 않는다. 이렇게 배운 내용을 충분히 소화시키지 못한 상태에서 다음 단계의 선행학습을 계속하면, 결국 학습 기초가 부실해진다. 선행학습을 많이 한 아이들이 반복 학습의 효과를 얻기는커녕 오히려 학업 성취도가 떨어지는 가장 큰 이유가 바로 이것이다.

그런데도 왜 학원은
선행학습에 주력할까?

지금 한국 사회에 불고 있는 선행학습 바람은 '광풍'이라 불러도 좋을 만큼 과열되고 팽창되어 있다. 선행학습 열풍에 불씨를 제공한 것은 비정상적으로 진행되어온 특목고 입시였다. 이와 관련된 각종 경시대회와 인증시험 바람도 어린 학생들을 '학대'에 가까운 선행학습으로 몰아넣는 역할을 했다. 게다가 고3 때 수능시험 준비에 집중하기 위해 고교 교육 과정을 압축해서 진행하는 학교의 현실도 선행학습 수요를 불러일으키는 데 한몫한 것이 사실이다.

여기에 왜곡된 입시 현실에서 남보다 한 발 앞서가려는 학부모들의 욕망이 결합되어 나타난 것이 사교육 시장의 선행학습이다. 그러나 최상위권에 있는 소수의 학생들에게만 의미가 있는 선행학습을 전국적인 광풍으로 증폭시킨 주역은 바로 사교육 업체들이다. 그들은 영리적 목적에 따라 학부모들의 불필요한 욕망을 자극하고, 과장된 공포와 불안을 심어주는 마케팅을 구사하면서 선행학습 열풍을 주도하고 있다.

그런데 여기서 한 가지 의문이 생긴다. 학원 입장에서 보면 교육 소비자들에게 실질적으로 도움을 주는 다양한 상품을 개발해서 수익을 창출할 수도 있을 텐데 왜 유독 학습 효과는 없고 부작용이 많은 선행학습에 주력하는 것일까? 거기에는 숨겨진 이유가 있다. 이해웅 (주)타임교육 하이스트 대입연구소장의 말을 들어보자.

학원이 선행학습에 주력하는 이유를 명쾌하게 지적한 이해웅 (주)타임교육 하이스트 대입연구소장.

"학원이 선행학습을 선호하는 이유는 간단합니다. 선행학습이 가장 돈이 되는 상품이기 때문입니다. 사교육은 영리 추구를 목적으로 교육이라는 상품을 파는 주체와 이를 구매하는 소비자가 형성하는 시장입니다. 당연히 판매자는 구매자가 원하는 매력적인 상품을 출시해야 하겠죠. 사교육 시장에서 선행학습이 판을 치는 이유는 선행학습이 가장 잘 팔리는 상품이기 때문입니다. 그리고 학원 입장에서 비용 대비 수익이 높은 효자 상품이기도 하고요."

이해웅 소장의 말처럼 선행학습은 한국의 사교육업체들이 개발해낸 '히트 상품'이다. 학원이 선행학습 중심의 프로그램을 운영하는 진짜 이유는 선행학습이야말로 연중 지속적으로 수익을 창출할 수 있는 거의 유일한 상품이기 때문이다. 학부모들은 얼른 알아차리기 어려울 수 있는 그 속사정을 살펴보면 대략 다음의 네 가지로 요약할 수 있다.

선행학습은 잘 팔리고 비용은 적게 든다

학원 관계자들은 성적과 입시에 관한 한 대단한 전문가들이다. 그들은 대다수 학생들에게 진짜 효과가 있는 사교육은 선행학습보다 보충·심화학습이라는 사실을 누구보다 잘 안다. 하지만 좀처럼 그런 프로그램을 개발하지 않는다. 왜일까?

보충·심화학습 상품은 잘 팔리지 않기 때문이다. 이른바 트렌드에 맞지 않는 것이다. 예를 들어, 어떤 사람이 '중학생을 위한 초등 과정 전문 학원'이라는 개념의 학원을 만들었다고 치자. "중1이지만 초등 과정을 모르는 학생들은 여기 모여서 초등 과정을 다시 배웁시다." 이렇게 광고를 하면 학생들이 몰려올까? 실제로는 후행학습 사교육이 필요한 학생들이 많지만, 소비자들은 이 학원을 외면할 것이다. 게다가 보충·심화학습 프로그램을 개발하려면 비용도 많이 든다.

반대로 '초등학생을 위한 중학 선행학습 전문 학원'이라는 간판을 내건다면 어떨까? 아마 사정은 크게 달라질 것이다. 따라서 선행학습에 편중된 사교육 시장의 현실을 개선하기 위해서는 소비자인 학부모들이 현명해져야 한다. 내 아이에게 꼭 필요한 사교육, 적정하고 합리적인 사교육을 분별해내는 학부모의 안목이 요구되는 것이다.

사교육업체에게 선행학습은 소비자 사이에 인기 있으면서도 비용은 적게 드는 '효자 상품'이다. 왜 비용이 적게 들까? 무엇보다 별도의 프로그램을 개발할 필요가 없기 때문이다. 선행학습은 상급 학년이나 상급 학교의 커리큘럼을 그대로 적용하면 되기 때문에 추가 비용을 들일 필요가 없다. 예를 들어, 초등학생에게 중등 과정을 그대로 적용하면 초등학생을 위한 선행학습 과정이 되는 것이다. 게다가 강사 입장에서도 숟가락만 하나 올리면 되는 쉬운 밥상 차리기다. 고등부 강사가 중등부 학생을 담당할 수도 있으니 얼마나 편리한 상품인가!

선행학습은 성적 향상 책임에서 자유롭다

앞에서 살펴보았듯이, 학원은 수강생들의 학교 성적 향상에 큰 부담감을 갖는다. 성적이 오르지 않거나 떨어지면 바로 학원을 옮길 수도 있기 때문이다. 그런데 학교 교과 과정을 따라가는 내신 대비 사교육이나 보충·심화학습의 효과는 3개월 단위로 치르는 학교 시험을 통해 점수로 나타난다. 학원이 긴장할 수밖에 없다.

선행학습은 이런 부담에서 상대적으로 자유로울 수 있다는 장점이 있다. 짧게는 3~6개월, 길게는 몇 년을 학교 진도에 앞서 진행되기 때문에 당연히 당장의 학교 시험 범위에 포함되지 않고, 따라서 현재의 성적에 대한 책임도 없다.

아이가 학원의 선행학습을 어느 정도 따라가고 있는지를 학부모가 확인할 수 있는 방법은 레벨 테스트나 정기고사 같은 학원의 자체 시험밖에 없다. 이런 사정 때문에 학원은 일정 시간 동안 학생의 성취도에 대한 책임으로부터 자유로울 수 있는 것이다. 학원을 보냈는데 성적이 오르지 않아 불만을 터뜨리는 부모에게 학원이 당당하게 말한다.

"어머니, 지금 이 아이는 당장의 시험이 아니라 2년 후 고1 때 결과를 바라보고 선행을 하고 있어요. 교육의 성과는 서서히 나타나는 것입니다. 왜 그렇게 조급하세요?"

이래도 부모는 할 말이 없다.

선행학습은 학생들을 학원에 장기간 묶어두기에 좋다

학원이 잘 되려면 수강생이 많아야 한다. 그리고 학생들이 중간에 학원을 옮기는 일 없이 계속 다녀야만 안정적인 수익을 올릴 수 있다. 그래서 학원과 강사들은 학생들의 재수강률을 높이기 위해 피나는 노력을 한다. 그런데 선행학습 프로그램을 운영하면 이런 부담에서도 상당히 자유로워진다.

학원을 떠나는 학생들은 크게 두 그룹으로 나뉜다. 한 그룹은 자기주도적 학습능력이 신장되어 혼자 공부하는 데 자신감을 갖게 된 아이들이고, 다른 그룹은 학교 시험 등에서 학원 수강의 효과가 나타나지 않은 아이들이다. 그런데 선행학습은 학생들이 두 가지 가운데 어떤 이유로도 학원을 떠나기 어렵도록 만드는 놀라운 힘이 있다.

선행학습 프로그램은 대체로 학생의 능력을 넘어서는 내용과 수준으로 진행되기 때문에 학원을 과감히 정리하고 혼자 공부하기란 쉽지 않은 일이다. 실제로 선행학습한 내용에 대한 학원의 자체 평가 결과는 보통 그 학생의 학교 성적에 비해 낮게 나타난다. 그렇지만 그것이 학원을 떠나는 원인이 되지는 않는다. 왜냐하면 선행학습한 내용에 대한 이해도가 떨어진다는 그 사실이 거꾸로 학원 강의를 재수강해야 하는 이유가 되기 때문이다. 이 같은 이유 때문에 선행학습은 학습 효율성이 떨어진다는 결정적인 문제점에도 불구하고, 학원이 수강생을 장기간 홀딩(holding)할 수 있는 가장 효과적인 수단이 된다.

'선행학습 = 좋은 학원'이라는 이미지 효과를 얻는다

학원업자들 중 일부는 선행학습 중심이 아닌 부족한 부분을 보충해주는 방식으로 학원을 운영하려 해도, 자신들의 학원이 지역에서 소위 공부 못하는 아이들이 많이 다니는 '후진 학원'이라는 낙인이 찍힐까 봐 그렇게 하기도 어렵다고 말한다. 사실 지금까지의 특목고 입시가 선행학습이 아니면 대비가 안 되는 현실 속에서, 학원이 선행학습을 많이 시키면 성적 우수 학생이 몰리게 되고 우수 학생이 많이 다니는 학원이면 좋은 학원이라는 이미지가 생긴 것도 사실이다. 그리고 급기야 그 도식이 '선행학습을 많이 시키면 좋은 학원'이라는 이미지로까지 굳어지게 된 것이다.

이와 반대로 학교 진도에 맞추어 부족한 부분을 보충해주는 학원이라고 한다면, 학교 진도를 제대로 따라가지 못하는 소위 '열등생'이 몰리는 학원이라는 부정적인 이미지가 생겨 동네에서 기피 학원이 될 수도 있다는 것이 학원업자들의 항변이다(물론 그들의 우려가 사실이냐의 문제는 별개로 하더라도 말이다). 이 같은 사정 때문에 우수한 학원이라는 이미지를 얻기 위해서라도 학원들은 강도 높은 선행학습 프로그램을 경쟁적으로 개발할 수밖에 없었고, 이것이 학원이 선행학습 중심으로 운영되었던 한 요인으로 작용했다.

지금까지 살펴본 것처럼 대다수 학생들에게 선행학습은 복습이나 심화학습에 비해 효과가 없다. 따라서 어떤 집 아이가 몇 년을 앞서가든, 학원에서 어떤 상술로 유혹하든, 더 이상 흔들릴 필요가 없다. 선행학습 열풍은 대부분 학원이 조장한 것이며, 학원에 '선행반'이 많은 것은 부모를 자극하기에 좋고 돈을 벌기에 좋기 때문이다.

실제로 공부에서 '속도가 빠르면 실력도 좋다'는 것은 말도 안 되는 생각이다. 실력에는 빠르고 느린 것이 없고, 깊고 얕음이 있을 뿐이다. 이제 분위기에 휩쓸리지 말고 '상식'을 지키자. 남보다 먼저 배운다고 해서 실력이나 성적에서 앞서간다는 증거는 어디에도 없다.

 그럼 어떻게 하죠?

하나. 선행학습을 하면 학교 공부에 도움이 된다는 믿음은 사교육업체와 언론이 만들어낸 허구입니다. 여러 실증적인 연구를 통해 사실이 아닌 것으로 밝혀졌어요. 선행학습의 효과는 이미 학교 수업 진도를 충분히 따라갈 수 있는 학생들에 한정될 뿐 대부분의 아이들에게는 별 효과가 없습니다. 그러므로 아이의 성적이 상위권이 아니라면 선행학습을 심하게 시키는 학원은 삼가세요. 연구 결과에 따르면, 여러 번 기계적으로 반복 학습한 아이들보다 한 번이라도 충실하게 공부한 아이들의 성적이 우수한 것으로 나타났습니다. 선행학습보다는 학교에서 배운 것을 제때 복습하고, 심화학습하는 것이 더 효과적인 공부법입니다.

둘. 선행학습은 효과는 적고 부작용만 많습니다. 특히 잘못된 개념을 형성하기 쉬우며, 이렇게 형성된 잘못된 개념은 쉽게 바뀌지 않습니다. 또한 아이들은 어설픈 지식을 가졌으면서도 스스로 잘 안다고 생각해서 학교 수업에 집중하지 않아요. 배운 내용을 충분히 소화하지 못한 상태에서 또 다음 진도를 나가면 학습 기초가 부실해집니다.

셋. 내 아이가 특정 교과 내용을 너무 어려워해서 남들과 똑같은 속도로 진도를 나가면 따라갈 수 없다고 생각하여 공부할 내용을 미리 이해하고 들어가야 한다고 주장할 수 있습니다. 일리 있는 말입니다. 그런 경우 예습은 좋은 학습 방법입니다. 다만 예습을 선행학습과 동일시하면 안 됩니다.

아이가 어떤 교과를 어려워한다면 이전 교과 내용에 대한 이해가 부족해서일 수 있는데, 이때는 선행학습 이전에 보충학습부터 시작해야 합니다. 물론 이 경우에도 예습, 곧 다음날 공부할 내용에 익숙해지기 위해 개념에 대한 이해를 미리 해가는 것은 필요합니다. 하지만 공부할 진도를 몇 달 혹은 1년 앞서 나가는 것을 예습이라고 할 수는 없지요. 혹시 선행학습에 예습의 측면이 있다 치더라도 3개월 이상 나가면 효과는 거의 없습니다.

넷. 학원에 다녀야 할 상황이라면 학교 진도에 맞추어 보충·심화학습을 진행하는 곳을 선택하세요. 특히 학기 중에 선행학습을 하는 학원에 아이를 보내면 학교와 학원의 이중 진도에 시달리느라 어느 한 가지도 제대로 소화하기 어렵습니다. 보충·심화학습을 제공하는 학원이 없다면 가급적 선행학습 진도가 빠르지 않은 프로그램을 꼭 선택하십시오.

다섯. 방학 때는 지난 학기에 배운 것 가운데 취약한 부분을 중심으로 총 복습하도록 지도하세요. 다음 학기 것을 미리 공부하고 싶다면 중간고사 분량인 3개월분까지만 예습하도록 하세요. 그것을 넘으면 미리 공부해도 남는 것이 없습니다.

우리집이 달라졌어요
시장에 가면 사회, 자연, 과학이 있다

김수진(주부, 경기 용인시)

저는 마지막 386세대로서 공부를 잘해 좋은 학벌을 가져야만 행복할 수 있다고 배웠습니다. 소위 서울 강남 교육특구에서 중·고교 시절을 보내면서 공부에 관한 모든 지원을 할 준비가 갖춰진 부모님 슬하에서 자랐습니다. 양육 태도는 세습될까요? 저도 딸아이에게 다양한 교육 기회를 주고자 유아기부터 미술, 발레, 오르다, 음악 등 옆집 엄마들이 좋다고 하는 다양한 사교육을 시켰습니다. 초등 1학년이 되면서는 영어, 수학, 과학도 학원에서 배우게 했고요.

영어학원을 다닌 지 두 달쯤 지난 어느 날, 아이가 학원만 가면 머리가 아프다고 호소했습니다. 학원 사교육에 대해 의심이 들기 시작하더군요. 저는 과감히 영어학원을 정리했습니다. 그리고 사교육을 맹신하는 주변 엄마들을 피해 혼자서 교육과 심리 관련 서적을 찾아 읽고, 저와 비슷한 문제를 고민하는 사람들을 찾아 커뮤니티들을 뒤졌습니다. 그리고 사교육걱정없는세상을 만났습니다! 가슴이 뜨거워지고 뭉클해지는 감동을 경험했습니다!

한 달 뒤에는 3~4개월 다니던 수학학원도 정리했습니다. 때마침 아이가 "학원 선생님이 모르는 내용인데도 가르쳐주지 않고 진도만 나가. 학원 다니기 싫어"라고 말하기도 했고요. 엄마들 사이에서 평판이 좋았던 학원이어서 기대가 컸는데, 기대했던 만큼 실망도 컸습니다. 단계적으로 2주에 한 번 가던 과학학원도 정리했습니다. 실험 위주로 수업을 운영한다고 해서 믿고 등록했는데 시간이 지날수록 상황이 달라졌고, 아이도 흥미를 잃어갔습니다.

학원들을 정리하고 나니 아이에게 자유 시간이 많아졌습니다. 이제 아이는 방과 후 친구들과 어울려 노느라 바쁩니다. 한참을 놀고 돌아오면 좋아하는 DVD를 보면서 영어 공부도 합니다. 처음에는 시간을 계획적으로 활용하지 못하더니 차츰 스스로 규칙을 지키고 시간 조절도 할 줄 압니다. 학원을 그만두면서 가장 걱정했던 수학도 매일 혼자서 조금씩 공부하는 눈치더니 차츰 수학에 재미를 느끼기 시작하는 것 같습니다.

가장 큰 변화는 학교 수영 선수반에 들어간 것입니다. 수영대회에 나가 입상도 했습니다. 연습량이 부족했는데도 입상을 하자 아이 스스로 대단한 성취감을 느꼈습니다. 수영에 흥미를 느껴 인터넷을 검색해가며 혼자서 수영법을 공부하기도 합니다. 물론 딸아이가 선수가 될 만한 실력은 아닙니다. 그저 취미로 하는 수준인데, 수영을 하면서 느끼는 것이 많은 것 같습니다. 학원을 다녔다면 결코 경험하지 못했을 성취감, 재미였겠지요. 주변 엄마들에게 수영의 장점에 대해 거듭 설명하지만 다들 학원 때문에 못 하겠다고 대답해 안타깝습니다.

학원 사교육을 끊고 나서 제가 얻은 가장 큰 수확은 '아이는 잠재된 원동력으로 스스로 자란다'는 사실을 몸소 체험하고 딸아이를 믿게 된 것입니다. 아이를 믿으니 조바심이 나지 않고, 지금 당장 남보다 좀 뒤떨어져도 불안하지 않습니다. 아이를 또 다른 시각으로 볼 수 있게 된 것입니다.

교육관도 조금씩 달라지기 시작했습니다. 사교육의 힘을 빌리지 않고도 우리끼리 해낼 수 있을 거란 막연한 가능성 같은 것! 그런 가능성을 기대하니 주변에 학원을 다니지 않고 공부 잘하는 아이들도 꽤 있다는 것을 알게 되었습니다. 꼭 공부가 아니어도 좋습니다. 아이의 장점들이 보이기 시작했거든요.

아이를 끌고 가지 않고 아이를 따라가는 것의 행복을 깨닫게 되었습니다. 생활습관에 관한 것은 지적도 하고 때로는 혼도 내지만 공부에 관한 것은 아이의 뜻에 많이 맡깁니다. 그랬더니 아이가 "엄마, 이렇게 하는 건 어떨 것 같아?"라며 제 의견을 먼저 제안합니다.

학원 사교육을 내려놓고 나니 세상이 더 넓고 깊게 보이는 것을 느낍니다. 관심을 기울이니 세상에는 배워야 할 것이 너무 많았습니다. 며칠 전 딸과 함께 남대문시장에 다녀왔습니다. 딸아이가 보는 것마다 호기심을 갖더군요. 노숙자, 외국인 관광객, 노점상, 시장 건물 등 보이는 모든 것이 대화 거리였습니다. 그날 이후 딸아이는 시장에 가서 사회를, 자연을, 과학을 배웁니다.

요즘 우리 가족은 이사를 고민합니다. 사교육을 안 받으니 굳이 학원 주변에 살지 않아도 되겠다고 생각했습니다. 딸아이가 취미 삼아 매일 짧은 동화를 쓰는데, 넓고 푸른 자연을 좀더 가까이서 접할 수 있는 곳에서 맘껏 동화책을 쓸 수 있도록 환경을 만들어주고 싶어졌습니다. 남편의 일만 허락한다면 지방으로 가도 상관없을 것 같아요. 정말 이런 말도 안 되는 배짱은 1년 전에는 생각도 못했는데……. 작은 변화 하나가 우리 가족의 주거 환경까지 변화하게 만들었습니다.

이런 배짱이 어디까지 갈지 모르겠지만, 그리고 이런 생각이 딸아이를 소위 말하는 일류대에서 멀어지게 만드는지 모르겠지만, 분명한 것은 아이도 부모도 행복하다는 것입니다.

6
수학은 어려운 과목이라 선행학습이 필요하겠죠?

" 우리나라 수학은 너무 어려워요.
저학년 때 수학을 재미있어하던 아이들도
학년이 올라가면 점점 더 어려워하죠.
오죽하면 수학 학습 부진아 비율이 초등학교 30%,
중학교 50%, 고등학교 70%라는 통계가 나오겠어요?
그래서 수학은 미리미리 선행학습을 해야 해요.
그러지 않으면 갑자기 난이도가 올라갈 때
따라갈 방법이 없거든요. "

대부분의 학생들이 수학을 어려워한다. 다른 어떤 과목보다 공부하는 데 시간이 많이 걸리고, 성적도 잘 오르지 않는다. 스스로 공부하기가 힘들다 보니 학원을 찾는다. 학부모들도 그 효과 여부를 따지기에 앞서 어쨌든 학원에 가면 도움이 될 것이라고 막연하게 기대한다. 이런 사정 때문에 수학의 사교육 참여율은 어떤 조사에서도 1위를 달린다. 그런데 문제는 수학 사교육의 내용이 대부분 선행학습이라는 데 있다.

아래 도표는 우리 단체가 2010년 봄, 전국 163개 고등학교의 1학년생 1만 1,774명을 대상으로 실시한 조사 결과다. 이 조사에서 특목고 아이들은 적어도 90% 이상, 일반고 아이들은 80% 가까이 수학 선행학습을 하는 것으로 나타났다. 사실상 거의 모든 초·중·고교생들이 수학 선행학습을 하고 있다는 이야기다.

게다가 수학은 공교육에서도 수업을 가장 많이 받는 과목이다. 그러나

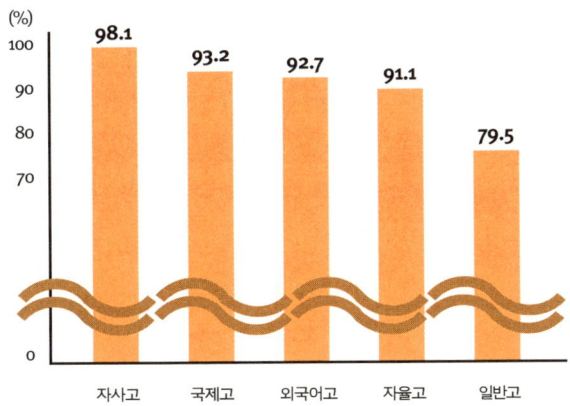

"고등학생 80% 이상, 수학 선행학습해요"

2009학년도 수능시험의 수리영역 평균점수는 100점 만점에 47.27점 (수리·가)과 38.2점(수리·나)으로 점수가 가장 낮게 나타났다. 언어영역 64.17점, 외국어영역 60.66점과 비교해 현저하게 낮은 점수를 기록한 것이다.

학교에서 수업을 가장 많이 듣고, 선행학습 중심의 학원 사교육도 가장 많이 받는 수학 과목의 성적이 이토록 낮은 이유는 왜일까? 많은 학생과 학부모들이 선택한 선행학습은 정말로 수학 실력과 성적을 높이는 데 기여할까?

특히 우리나라 수학 교과 과정 어려워

우리나라 수학 교육 과정의 불합리성과 지나치게 높은 난이도를 지적하며 개선을 요구하는 목소리가 높다. 이런 교육 과정이 수학 부진아, 수학 포기 학생을 양산하고, 여기서 빚어지는 불안 심리가 학생들을 고통스러운 사교육으로 몰아넣는 것이다.

이 주장은 어느 정도 사실이다. 우리나라 수학 교육 과정은 외국에 비해 전반적으로 어려운 편이며, 난이도가 급상승하는 시기가 몇 차례 있다. 그 시기가 학생들에게는 수학 학습의 위기로 다가오는데, 대표적인 시기가 초등 4학년과 고 1학년 때다.

초등 4학년 때는 자연수의 사칙연산이 완성되고, 새로운 추상적 개념들이 여럿 등장한다. 분수와 소수, 혼합 계산, 도형, 측정, 확률 등 중학교 수학의 기초가 되는 다양한 내용을 배우며 학습량도 많아진다.

초등학교 때 수학에 흥미를 가졌던 학생들이 고등학교에 올라가면 완전히 흥미를 잃어 포기해버리는 경우도 다반사다. 한 고등학교 수학교사의 말을 들어보자.

> "너무 많은 아이들이 수학을 포기하고 있어요. 대부분 고1과 고2 사이에 포기하죠. 문과는 최소 50%, 최대 80%가 포기합니다. 고등학교 수학은 중학교 때의 내용을 바탕으로 진행되는데, 아이들은 중학교 때 배운 것이 생각조차 나지 않는다고 해요. 수학은 기초가 있어야 하는데, 기초가 다져지지 않은 아이들은 결국 포기합니다."

왜 대부분의 고등학생들이 수학을 포기하는 것일까? 고등학교에서는 중학교 때보다 훨씬 많은 양이 빠른 속도로 진행된다. 중3 수학의 전체 단원 수가 17개인데 고1 과정인 공통수학의 단원 수는 41개다. 양도 많아질 뿐 아니라 난이도도 높아지기 때문에 수학에 대한 부담이 늘어나는 것은 어쩌면 당연하다. 게다가 고1 수학은 중학교 3년 전체의 내용을 총괄하고 있기 때문에, 중학교 수학을 불완전하게 이해한 아이들은 공통수학을 더욱 어렵게 느낄 수밖에 없다.

고등학교 수학의 단원 수가 늘어난다면 이에 비례해 수업 시수도 늘어나는 것이 당연해 보이는데 실상은 그렇지가 않다. 주당 수업시간이 중3은 세 시간, 고1은 네 시간으로 단 한 시간만 늘어날 뿐이다.

또한 고2, 3이 되면 난이도도 높아진다. 이에 대한 논쟁은 끊이지 않고 있다. 내용이 어려워지고 양이 많아짐에도 불구하고 학교에서는 진도를 매우 빠르게 나갈 수밖에 없다. 교육 과정에는 고3까지도 진도를 나가도록 되어 있지만 대부분의 학교에서 진도를 빠르게 나가 고2 때 고3 과정까지를 다 끝낸다. 대학 입시 때문이다. 고3 때 수능시험 준비에 집중하기 위해서다. 이런 사정 때문에 거의 모든 인문계 고등학교에서는 2학년 1년 동안 고2, 3 과정을 모두 가르치고 있다. 문과는 수Ⅰ과 선택 교과 한 과목, 이과는 수Ⅰ·Ⅱ와 심화 선택 교과 두 과목을 1년 동안 모두 배우는 것이다.

무리한 교육 과정 아래서 학습 결손이 누적되는 학생들이 생기는 것은 당연한 결과가 아니겠는가. 자연스럽게 학습 부진 학생이 생기고, 수학에 대해 두려움과 공포감을 갖는 학생들마저 생기고 있다. 고등학생 가운데 학습 부진아의 비율이 70%에 이르는 것도 수학 교과의 난이도 문제와 빠른 진도 진행으로 인한 소화 불량이 결합된 결과일 것이다.

이 같은 수학교육 시스템 안에서, 학부모와 학생들은 난이도가 갑자기 높아지는 시기를 대비해 혹은 갈수록 떨어지는 수학 성적에 대한 불안감으로 선행학습을 해야 한다는 압박을 받을 수 있다. 그러나 이것은 아이의 상황을 고려하며 차근차근, 냉정하게 따져볼 문제다. 전문가들은 수학 선행학습을 시키기에 앞서서 몇 가지를 꼼꼼히 점검해보아야 한다고 지적한다.

먼저 아이가 지난 학년이나 학기에 배운 내용을 확실히 이해하고 있는지, 핵심 원리를 충분히 숙지해서 다양한 심화 응용문제를 해결할 수 있는지를 확인해보아야 한다. 만약 아이가 중급 난이도의 문제집을 어려움 없이 풀 수 있는 수준이 되지 못한다면, 선행학습보다 이미 배운 것을 복습하는 것이 훨씬 중요하다.

수학은 앞에서 배운 내용을 완전히 소화하지 못하면 다음 단계로 나갈 수 없는 위계적 특성이 매우 강하다. 철저히 이전 학년의 내용을 바탕으로 학습이 진행되는 연계성 때문에 '한 번 놓치면 따라잡기가 어렵다' '수학은 기초가 중요하다'고 하는 것이다. 예를 들어 곱셈과 나눗셈을 모르는 학생에게 방정식을 열 번, 스무 번 가르친다고 해서 방정식을 풀 수 있을까? 이런 학생에게는 곱셈, 나눗셈을 다시 가르쳐야 한다.

초등 고학년의 교과서와 중학교 교과서, 중학교 교과서와 고1 교과서의 단원명을 비교해보라. 반복되는 단원명이 많다는 것을 한눈에 알 수 있다. 고교 수학에서 중학교 내용에 기초하지 않은 새로운 영역은 찾아보기 어렵다. 결국 초등학교 때 놓친 개념이 많으면 중학교 수학이 어렵고, 중학교 때 놓친 개념이 많으면 고교 수학이 어려워진다는 말이 된다.

사실 새로운 학년의 수학을 접하면서 느끼는 어려움은 개념이 생소해서가 아니라 이전 학년의 수학에 대한 복습이 충분하지 않은 데서 비롯하는 것이다. 그동안 배운 것을 충분히 이해하고 숙달한 학생이라면 별도의 선행학습 없이도 다음 단계의 수학에 충분히 적응할 수 있다.

두 번째로 따져볼 것은 선행학습의 방법과 내용이다. 선행학습을 할 때는 진도를 빨리 나가는 것보다 개념을 완벽하게 이해하는 데 초점을 두어야 한다. 수학의 문제 해결력은 문제풀이의 반복 연습이 아니라 철저한 개념 이해에서 나온다. 사고력 활동이 강화되고 서술형 문제의 비중이 커지는 요즘의 수학교육 흐름에서 이것은 더욱 중요한 요소로 떠오르고 있다.

사실 많은 아이들이 수학을 어려워하는 데는 교과 과정 외에 또 다른 요인이 작용한다. 잘못된 학습 방법의 문제다. 초등 저학년 때는 아이들이 비교적 수학을 재미있어 한다. 하지만 학년이 올라갈수록 수학을 지겨워하는 아이들이 늘어난다. "매일 문제만 푸니까 지겨워요!" 수학 공부의 불행과 실패는 대부분 여기서 시작한다.

도대체 무엇이 잘못되었을까? 문제는 대부분의 학원 사교육이 수학의 특성과 어긋나는 유형별 문제풀이 중심으로 이루어지는 데 있다. 수학은 '생각하는 힘'을 키우는 학문이다. 그리고 생각하는 힘을 형성하고 키워가는 과정은 아이의 머릿속에서 진행된다. 수능시험은 바로 그 아이의 머릿속, 다시 말해 이해력과 사고력을 측정하고 평가하는 시험이다. 수능시험 수리영역의 출제 방향을 보면 "단순한 기억이나 암기로 해결할 수 있는 문항의 출제를 지양하고, 교과의 특성을 바탕으로 한 이해력과 사고력을 측정할 수 있는 문항을 출제한다"고 명시되어 있다. 실제로 이런 방향에 맞춘 문제들이 나온다.

그런데 단기적 성과에 집착하는 학원 사교육은 대부분 이와는 정반대 방향으로 수학 공부를 시키고 있다. 초등 저학년 때부터 아이들에게 과도한 연산 훈련과 문제풀이 연습을 시킨다. 문제를 수없이 풀다 보면 저절로 개념을 알게 된다는, 매우 비효율적이면서 학습자의 고통을 요구하는 방법을 고수하고 있는 것이다. 학년이 올라갈수록 수학을 점점 싫어하고, 어려워할 수밖에 없는 길로 아이들을 이끌고 있는 셈이다.

수학을 암기 과목으로 여기는 유형별 문제풀이 중심의 수학 사교육이야말로 고등학교 때 수학을 포기하는 아이들을 양산하는 주범이다. 지나치게 어려운 교육 과정임에도 그것을 잘 이겨내는 소수의 아이들이 있다. 그 아이들은 과연 누구일까? 초등학교 때부터 수학 과목의 본질에 맞도록 이해력과 사고력을 키워온 아이들이다. 한 고등학교 수학 교사의 말을 들어보자.

"언어, 수리, 외국어 가운데 학원의 영향이 가장 없는 것이 수리입니다. 고3 정도 되면 의미가 없어지죠. 교사들은 머리가 좋은 아이들이 살아남는 것이 수리라고 말해요. 하지만 제가 볼 때는 단순히 머리가 아니라, 이해하는 방법으로 접근했던 아이들이 살아남습니다. 중학교 때는 서너 시간 암기해서 문제를 풀기도 하지만 고등학교에서는 아니라는 거죠. 개념을 이해하려면 그 이상의 시간이 필요합니다. 그래서 개념 이해 중심으로 접근한 아이들은 시간이 지나면 좋아집니다."

수학을 즐겁게, 오랫동안 잘하는 비결은 초등 저학년 때부터 기초 개념을 하나하나 자기 것으로 내면화해가는 것이다. 이것이 차곡차곡 아이의 머릿속에 쌓이면, 지금의 난이도 높은 중·고교 수학에도 충분히 적응할 수 있다. 따라서 선행학습을 하더라도 유형별 문제풀이 중심으로 진도를 나가는 학원에 보내서는 안 된다. 아이 혼자서 하든 누군가의 도움을 받든 교과서의 개념을 꼼꼼하게 이해하는 예습을 해야 한다.

마지막으로 생각해야 할 것은 몇 개월 정도의 선행학습이 가장 효과적인가 하는 점이다. 수학교육 전문가들과 양심적인 사교육 종사자들은 3~6개월 정도 앞서가는 것이 최적이라고 입을 모은다. 물론 이것도 이전 단계에 대한 이해가 충분한 최상위권 학생들에게만 해당하는 것이다. 그 이상 지나치게 선행학습을 하는 것은 거의 효과를 기대하기 어렵다고 한다. 앞서 말했듯이 현재 우리나라 수학 교육 과정은 학생들의 수준에 비해 난이도가 높다. 그래서 꽤 많은 학생들이 자기 학년의 수준을 어려워한다. 이런 상황에서 1년 이상의 장기 선행을 한다는 것은 아이러니가 아닐 수 없다. 수학의 위계적 특성상 이전 단계의 개념을 모른 채 다음 단계의 수학을 이해하고 받아들이는 것은 불가능한 일이다.

물론 극소수의 아이들은 자기 수준 이상의 내용을 받아들이고 이해할 수 있다. 하지만 이른바 사교육 과열 지구의 학원 가운데 50% 이상이 1년을 넘어서는 수학 선행학습 프로그램을 운영하고 있다. 학원의 논리에 포섭되어 이처럼 지나친 선행학습에 아이들을 참여시키는 것만은 꼭 피해야 할 것이다.

수학은 선행학습 효과가
가장 적은 과목

초등학생이 자기 학년의 수학을 완전히 이해하려면 많은 시간과 노력을 들여야 한다. 스스로 문제를 해결해 보고, 잘 풀리지 않는 것을 가지고 씨름하는 과정을 충실히 거쳐야 하기 때문이다. 프리미어리그 축구를 100번 본다고 박지성 선수처럼 되는 것은 아니다. 마찬가지로 학원 강사, 교사의 문제풀이를 구경하는 것으로는 수학을 잘할 수 없다.

그 누구라도 수학을 잘하려면 스스로 문제를 이해하고 풀어보는 과정이 절대적으로 필요하다. 수학은 철저하게 위계적인 학문이기 때문에 "지금부터 잘하면 되지!"가 통하지 않는다. 지금부터 잘하기 위해서는 먼저 이전에 배운 내용을 꼼꼼히 확인해야 하며, 한 번 놓치고 지나간 개념은 언젠가 반드시 발목을 잡는다. 그래서 기초가 부실한 상태에서 선행학습하는 것은 사상누각이 될 수밖에 없다.

따라서 수학 교과에 사교육이 필요하다면 개별적으로 학생의 현재 수준을 파악하고 부족한 부분을 메우는 방식이 바람직하다. 자기 학년의 개념 습득이 완전한 일부 학생이라면 선행학습이 도움이 될 수도 있지만, 이 경우에도 6개월 이상의 장기 선행은 바람직하지 않다.

현재 수학 선행학습의 실태를 보면 선행학습이 고3 수준을 넘는 경우는 거의 없다. 결국 수능시험이 마지막 관문인 것이다. 그렇다고 하면 선행학습을 얼마나 많이 했는지가 아니라 그 내용을 얼마나 충실히 이해했는지가 중요한 요소로 작용하게 될 것이다.

학교 현장의 수학 교사들과 사교육 관계자들도 수학은 특히 선행학습의 효과가 적은 과목이라는 데 생각을 같이한다. 한 고등학교 수학 교사의 이야기를 들어보자.

> "중3에서 고1로 올라갈 때, 선행학습보다는 복습이 중요해요. 개념을 제대로 이해해야 하기 때문이죠. 예를 들어 (고등학교에서 배울 복잡한 함수를 이해하기 위해서는) 함수가 뭔지를 정확히 이해하는 것이 중요합니다. 학원에서는 그것을 못 만들어주죠. 수학은 결정적으로 자기 스스로 해야 하는 과목입니다."

학원의 선행학습은 주로 문제풀이 중심으로 진행된다. 이러한 선행학습은 효과가 없을 뿐만 아니라 적잖은 부작용을 초래한다. 〈수학 학습 부진아의 인지적, 정의적 특성 분석〉(남미선·박만구, 한국수학교육학회지, 2008) 논문은 수학 학습이 부진한 학생들의 특성을 잘 정리해놓았다. 학습 부진아들은 대개 이해 없이 무조건 지식을 암기하는 특성을 보이며, 정확히 아는 것보다는 점수를 높게 받는 것을 더 중요하게 생각한다고 한다. 이것은 문제풀이 중심의 선행학습을 많이 한 아이들이 보이는 특성과 유사하다.

중학생들의 선행학습 문제를 연구한 이민주 선생은 수학 선행학습을 한 학생들은 대부분 문제를 해결하는 방법을 스스로 찾아내는 것에 가치를 두지 않고, 그 문제를 풀 수 있는지, 결과에 비중을 두는 경향이 강하다고 말한다. 또 이미 배워서 기억하고 있는 풀이 방법을 활용해서 문제를 해결하는 것도 실력이라 생각하며, 많은 문제 유형의 풀이 방법을 기억하고 있어야 수학을 잘하는 것으로 인식하고 있다고 밝혔다.

이 같은 학습 태도는 장기적으로 성적과 입시에 매우 부정적인 영향을 미친다. 개념을 중시하기보다 문제풀이에 매달리는 것, 이미 알고 있다고 생각해서 호기심을 갖지 않는 것 등은 스스로 사고하고 학습할 수 있는 능력을 떨어뜨린다. 또 혼자 공부하면서 느끼는 성취감이나 문제에 대한 도전의식이 없어져서 과제 집중력이 약화되어버린다. 장기전인 입시 레이스에서 매우 불리한 위치에 서게 되는 것이다. (주)비상 공부연구소 박재원 소장의 말을 들어보자.

"고등학교에서 실력 발휘를 하는 학생들을 보면 속도전이나 진도 경쟁이 아니라 주어진 진도를 얼마나 제대로 활용하여 실력 향상으로 연결시키느냐 하는 문제가 중요하다는 사실을 확인할 수 있습니다."

우리 주변을 살펴보면 초·중등 시절의 우등생이 고등학교에 진학해서는 성적이 추락하는 일이 자주 있다. 이들은 대부분 속도전에 능하고 단기간에 집중적으로 공부하여 좋은 성적을 거두었던 아이들이다.

이 같은 상위권 학생들 가운데 상당수가 중학 교과 과정의 이해와 활용에서 취약한 점을 보인다. 진도를 너무 빨리, 여러 번 나갔지만 수박 겉핥기식으로 공부한 결과다.

수학 교과에서는 이 문제가 더욱 심각하다. 선행학습에 길든 아이들은 결론을 미리 알고 있기 때문에 관찰하고 추론하는 과정의 즐거움을 배우지 못한다. 이로 인해 수학에 흥미를 잃고, 논리적 과정을 중시하는 고교 수학에 적응하지 못해 성적이 떨어져 중도에 포기하는 일이 자주 발생하는 것이다. 안상진 수학 교사의 이야기를 들어보자.

> "선행학습을 통해 그 단원의 내용을 완전히 이해하기란 어렵습니다. 그러면 학교 수업을 통해 그것을 보충해야 하는데, 그것이 잘되지 않습니다. 아이들은 수업에서 자기가 아는 내용만 선택적으로 듣게 되기 때문에, 모르는 부분은 계속 모르는 상태로 남게 되는 거죠. 또 이런 과정에서 오개념이 생기기 쉽습니다. 그런데 한번 생긴 오개념은 쉽게 바뀌지 않기 때문에 우선 한번 훑어보고 나서 나중에 다시 제대로 공부한다는 것은 거의 불가능한 일입니다.
> 특히 특목고에 떨어진 학생들은 너무 많은 내용을 미리 배우고 입학하기 때문에 수업에 흥미를 잃는 것은 물론이고, 스스로 다 안다고 착각해서 공부를 하지 않습니다."

"수학 때문에 지출되는 사교육비가 제일 많아요"
— 학년별 일반 교과 학생 1인당 월평균 사교육비

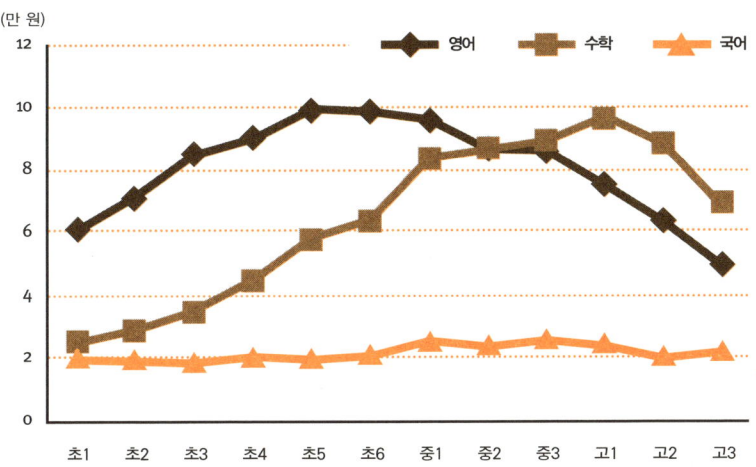

※ 출처 : 통계청 사교육비 보도자료, 2009

"수학 수능 성적 평균이 제일 저조해요"
— 2009년 주요 과목별 수능 성적 결과

언어	수학	영어
64.17 / 100점	47.27/100점(수리 가) 38.2/100점(수리 나)	60.66 / 100점

※ 출처 : 한국교육과정평가원 발표, 2010

위 두 개의 표를 살펴보면 국·영·수 가운데 수학에 가장 많이 사교육비를 쏟고 있음에도 불구하고 수학 수능 성적이 가장 저조함을 알 수 있다. 즉, 학교에서 가장 많은 수업 시수를 확보하고 있고 학원 사교육

의존율이 제일 높은 과목임에도 불구하고, 수학 사교육 효과가 제일 떨어진다는 것이다. 그런 점에서 수학에 관한 학습 방법, 특히 선행학습 위주로 구성된 현재의 교육 시스템은 심각하게 재조정될 필요가 있다.

자기주도적 복습과
개념 중심의 예습을!

대부분의 학원 수업은 일방적인 강의로 이루어진다. 학원에서도 학교에서도 듣기만 하는 수동적인 학습은 수학에 별 도움이 되지 않는다. 수학은 수업시간에 배운 내용을 스스로 내면화하는 과정을 거치고, 실제로 문제를 풀어보며 사고하여야 한다. 틀린 문제는 왜 틀렸는지 생각하고 고민해야 한다. 그래야 비로소 공부가 내 것이 된다. 따라서 개인 교습을 받을 때도 선생님이 일방적으로 설명하고 문제풀이를 해주는 방식은 피해야 한다.

이렇게 해당 학년, 학기의 교과서 내용을 이해하고 개념을 내면화하여 완성된 공부를 한 뒤에야 다음 단계로 넘어갈 수 있다. 다음 단계로 넘어갈 준비가 충실히 된 학생이라면 스스로 예습을 하면 된다. 사실 다음 학기를 대비하는 데는 교과서를 미리 보는 정도의 예습이면 충분하기 때문에 별도의 선행학습이 필요하지 않다.

학기 중에는 학교 진도를 충실히 따라가면서 복습하고, 방학을 맞아서는 다음과 같이 공부하면 충분하다. 먼저 지난 학기 교과서를 펴놓고 목차에서 단원을 죽 살핀다. 그리고 안 봐도 되는 단원, 혼자 복습할 수 있는 단원, 아예 모르는 단원으로 구분을 짓는다.

여기서 아예 모르는 단원은 도움이 필요하다. 그러나 어떤 학원도 내가 모르는 단원만 가르쳐주지는 않기 때문에 학원보다는 인터넷 강좌나 개인 교습을 활용하는 것이 좋다. 예를 들어 서울특별시교육청이 운영하는 '꿀맛닷컴 kkulmat.com'에서는 단원 평가를 통해 어느 부분이 취약한지 바로바로 확인할 수 있을 뿐 아니라 초등 수학은 플래시로 이루어져 있어 재미있게 공부할 수 있다. 게다가 무료다. EBS를 활용하는 것도 좋다. 난이도별로 다양한 강좌가 마련되어 있으며, 특히 이미 지난 강좌는 할인되기 때문에 저렴하게 이용할 수 있다.

수학을 손에서 놓은 지 오래된 학생이라면 어떻게 해야 할까? 먼저 수학 교과서를 펴놓고 내가 지금 공부하려는 단원과 연결된 지난 학기의 내용을 확인한다. 그리고 그것을 먼저 공부하는 것이 좋다. 예를 들어, 중2 '유리수와 소수'를 공부하고 싶으면, 먼저 이와 연계된 중1 '정수와 유리수' 단원을 꼼꼼히 복습하는 것이다.

"저는 중2 학생인데, 수학이 뒤처지는 편입니다. 하지만 이번 겨울방학 때 준비를 잘해서 3학년부터는 수학을 잘하고 싶어요. 어떻게 공부하면 좋을까요?"

이렇게 묻는 학생이 중3 과정을 미리 공부하는 것은 좋지 않다. 오히려 1학년의 '문자의 사용과 식의 값' '일차식의 계산과 등식의 성질',

2학년의 '연립방정식'을 복습하는 것이 3학년을 제대로 대비하는 방법이다. 이때도 혼자 복습할 수 있다면 혼자 하는 것이 좋고, 도움이 필요하면 인터넷 강좌나 개인 교습을 활용하면 되겠다.

앞에서 살펴본 것처럼 고등 수학의 학습 부담은 만만치가 않다. 특히 이과 학생은 1년 동안 네 과목을 일주일에 7~8시간씩 배워야 한다. 이를 대비하여 방학 때 2~3개월분의 예습을 하는 것은 학습 흥미와 이해에 도움이 될 수 있다. 그러나 이때의 예습도 문제풀이 방식이어서는 안 되며, 개념과 정의 위주로 학생이 주도적으로 할 때만 효과가 있다.

학원 사교육의 핵심에 수학이 있고, 수학 사교육의 핵심에 선행학습이 있다. 선행학습 붐이 일어난 데는 현재의 수학 교육 과정과 입시 구조 같은 주요 현안들이 얽혀 있다. 따라서 학원에 의지하는 학생과 학부모만 무턱대고 탓할 수도 없는 게 사실이다. 그러나 선행학습이 가져오는 폐해가 너무 심각하기 때문에 이 점에 대해서는 학부모들의 깊은 성찰이 필요하다.

무엇보다 학원에서 이루어지는 선행학습은 학생의 학습 태도에 부정적인 영향을 미친다. 누군가 해주지 않으면 스스로 아무것도 할 수 없게 되는 치명적인 약점을 만들어내는 것이다. '수학적 사고'란 어떤 문제에 부딪혔을 때 스스로 사고하여 논리적으로 해결 방법을 찾아내는 것을 말한다. 이것은 결코 선행학습을 통해서 길러질 수 없다. 수학은 어렵더라도 꾸준히, 자기 스스로 공부해야만 하는 과목인 것이다.

그럼 어떻게 하죠?

하나. 아이가 수학을 어려워한다고 해서 학원에 보내 선행학습을 시키는 것은 좋지 않습니다. 수학 전문 학원은 부족한 부분을 전문적으로 가르쳐 주는 곳이라기보다 수학 한 과목에 한해 집중적으로 선행학습을 시켜 주는 곳일 경우가 많습니다. 따라서 수학 실력이 모자라다고 해서 무턱대고 수학 전문 학원을 찾아서는 안 됩니다.

학원을 찾을 때는 반드시 그 학원의 교육 과정을 면밀히 살펴봐야 합니다. 수학 전문 학원에 자녀를 보내기로 결심했을 경우에도, 가급적 아이가 학교에서 나가는 진도와 일치하는 정도 혹은 선행의 수준이 낮은 코스를 선택하는 것이 좋습니다.

둘. 학원은 수학 과목을 1년 앞선 선행학습으로 진행하는 이유에 대해 2학년 1학기 진도와 3학년 1학기 진도가 같고 수준만 높아지는 것이니 일종의 '심화학습' 차원에서 공부하는 것이라고 주장합니다. 그러나 2학년 학생이 3학년 진도 내용을 공부하는 것은 심화학습이 아닙니다. 또한 이렇게 1년 앞지르는 방식의 공부는 대부분의 학생들에게 지적 발달 수준에 맞지 않고, 교과 지식 난이도를 학년 수준에 맞게 분류해놓은 교육학적 원리에도 역행합니다. 진도 경쟁이 실력 경쟁을 보장해줄 수는 없는 일입니다.

셋. 수학은 이전 교과 지식을 알아야 다음 내용을 따라가는 '위계 정도'가 매우 높은 과목입니다. 따라서 가정에서는 매 학기 배우는 내용을 그때 그때 충분히 숙지할 수 있도록 지도해야 하고, 방학이 되면 지난 학기 내용을 꼼꼼히 복습하는 것이 좋습니다. 다음 학기 공부를 미리 하는 경우에도 개념 이해 중심으로 예습하면 좋습니다.

넷. 수능 과목 가운데 학원 학습 효과가 가장 약한 것이 수학입니다. 중학교 때까지는 학원에서 하는 문제풀이, 예상문제 찍어주기, 반복 학습 등이 학교 수학 시험에서 어느 정도 효과를 나타냅니다. 하지만 고등학교 수학에는 이런 방법이 전혀 통하지 않으며, 오히려 해롭기까지 합니다. 수능 수학은 종합적인 수리·추리 능력을 요구하는 시험이라서 문제풀이를 반복하는 수준으로 해결할 수 없고, 개념과 원리를 충분히 이해할 때만 고득점이 가능합니다.

다섯. 고1 때 갑자기 수학 공부의 양과 난이도가 높아지는 느낌 때문에 많은 학생들이 선행학습을 합니다. 그러나 중학교 수학을 완전히 이해하지 못하면 고교 수학을 풀 수가 없습니다. 따라서 중학교 수학을 복습하는 것이 고1 선행학습보다 중요합니다.

다만 중학교 수학을 충분히 이해한 상위권 학생들은 예습 차원에서 중3 겨울방학 동안 고1 수학을 미리 공부할 수 있겠죠. 그러나 이때도 문제풀이 중심의 선행학습이 아니라 개념과 원리를 스스로 탐구하는 방식이어야 합니다.

여섯. 지금의 대학 입시 형편 때문에 대부분의 인문계 학교들이 고교 수학을 2년 안에 끝내고 있습니다. 그래서 고2 때도 진도 분량에 대한 부담으로 선행학습에 대한 압박감이 있습니다. 이전 교과 지식을 이해한 상위권 학생들은 방학 중 3~6개월 정도 예습하는 것이 도움이 됩니다. 그러나 중하위권 학생들은 다음 학기와 이어지는 전 학년의 진도를 복습하는 것이 더 낫습니다.

우리집이 달라졌어요
가지는 쳐주되
분재는 만들지 말자

최승연 (주부, 서울 노원구)

아이가 중학교에 진학하기 전까지 학습 관련 학습지를 포함한 그 어떤 사교육도 받은 적이 없습니다. 거창한 의식이나 멋진 계획이 있었던 것은 아니고, 저희 부부가 약속한 다음 세 가지 원칙을 지키려 했을 뿐입니다.

첫째, '가지는 쳐주되 분재는 만들지 말자'란 교육관에 충실하고자 했습니다. 아이의 교육에 있어 최우선으로 여겼던 것은 바로 아이였습니다. 아이가 원하지 않는 것은 절대로 강권하지 않고, 대신 아이가 절실하게 원하는 것은 신중하게 고민하려 했습니다.

둘째, 학교를 믿었습니다. 아이가 졸업한 초등학교 교장선생님께서 워낙 교육관이 확고한 분이셔서 학교 수업만으로도 충분하다는 그분의 말씀을 100% 믿었습니다. 대신 아이가 그 어떤 사교육도 받지 않으니 수업 집중도는 탁월하지 않을까 하는 믿음은 있었습니다.

셋째, 초등 시절엔 많이 보고 듣고 경험하는 것이 가장 중요하다고 생각했습니다. 덕분에 정말 많은 곳을 여행했고, 책도 많이 읽었으며, 체험도 많이 했습니다. 찾아보니 여러 공공기관에서 운용하는 저렴한 프로그램이 많아 적극 활용했습니다.

그러나 막상 중학교 입학을 하자니 그동안 들어왔던 주변 엄마들의 경고성 멘트들이 신경 쓰이기 시작했습니다. 더불어 중1 첫 시험 결과를 받아들고 아이도 좌절을 경험했죠. 난생처음 보는 수학 점수를 받은 거예요. 아이를 어떻게 위로해야 할지 암담했습니다. 다음에 잘하면 된다고 다독였지만 속으로는 주변 엄마들의 경고가 맞았구나 하고 생각했던 게 사실입니다.

이후 아이는 수학 성적을 올려보려고 나름대로 혼자서 열심히 공부했습니다. 그러나 두 번째 수학 시험 성적도 크게 만회되지 않았습니다. 아이는 완전히 자신감을 상실한 듯 보였죠. 그때 제 입에서 처음으로 학원 이야기가 나왔습니다. 그러나 아이는 단호하게 혼자 해보겠다며 기다려달라고 했습니다.

그렇습니다. 흔들리고 불안해했던 것은 아이가 아니라 바로 저였습니다. 남편은 아이를 믿고 기다리자고, 아이는 실패와 좌절을 겪으며 성장할 것이라고, 결국 아이의 삶은 아이의 몫이지 부모가 북 치고 장구 친다고 해결될 일이 아니라고 설득했습니다.

모든 부모가 마찬가지겠지만 저 역시 제 아이가 행복하길 바랍니다. 아이는 스스로 자란다는 말에 깊이 공감합니다. 스스로 자신의 행복을 찾아낼 힘을 내면에 이미 갖고 태어나는 것 같습니다. 부모가 미리 앞서거나 성화를 부리거나 실망의 눈빛을 보내지 않는다면 말이죠.

7
영어교육은 빠를수록 좋은 것 아닌가요?

❝ 영어는 아이가 우리말을 익히는 것처럼
자연스럽게 습득하는 것이 좋아요.
나중에 학교 가서 공부로 하려면 힘만 들 뿐입니다.
그래서 영어교육은 빠르면 빠를수록 좋습니다.
우리말을 배우기 전인 영·유아기 때부터
영어에 자연스럽게 노출되도록 하는 것이 중요하죠.
그리고 사람이 언어를 습득하는 데는 '결정적 시기'가 있다고 해요.
열세 살이 넘으면 언어 습득 능력이 현저히 떨어진다는 것이죠.
그래서 그 이전에 영어를 익히도록 해야 합니다. ❞

영어 조기교육이 학원가의 대세를 이루고 있다. 그리고 많은 학부모들이 영어 조기교육을 이론적으로 뒷받침하는 '결정적 시기 가설'에 부담을 느낀다. 평소 조기교육에 비판적이던 사람도 막상 내 아이의 문제가 되면 생각이 복잡해진다.

'다른 아이들은 다 한다는데, 우리 아이만 때를 놓쳐서 뒤처지면 어떡하지?'

'영어는 하루라도 빨리 시작하는 게 좋다는 말이 맞는 것 같아.'

이런저런 생각으로 초조해지고 흔들리게 된다.

그러다 아이가 취학 연령에 가까워지면 영어유치원과 일반 유치원을 놓고 고민하기 시작한다. 누구는 영어유치원에 다니는데 벌써 영어를 제법 한다더라, 누구는 뭘 배운다더라, 여섯 살인데 벌써 중학교 영어를 구사한다더라, 영어 책을 줄줄 읽는다더라 하는 소리라도 들으면 더욱 심란해진다. 교육적 주관을 가지고 자녀를 잘 지도해온 엄마들도 '옆집 엄마'와 한번 이야기하고 나면 '내가 너무 여유를 부리는 것 아닐까?' 불안해진다.

이때는 전문가의 조언도 도움이 되지 않는다. 제3자인 전문가보다 실제로 아이를 키우고 있는 옆집 엄마의 말이 더 현실적으로 들리기 때문이다. '저 학원이 좋다는데, 이번에 학원을 옮겨볼까?' 이렇게 엄마가 중심을 못 잡고 우왕좌왕하기 시작하면 아이들은 이 학원에서 저 학원으로, 이 학습법에서 저 학습법으로 옮겨 다니다 결국 아무것도 제대로 배우지 못할 수도 있다.

많은 학부모들이 이렇게 영어 사교육 쇼핑을 하는 이유는 왜일까? 그건 '꿈'이 있기 때문이다. 영어가 장차 모든 성공의 열쇠가 되어줄 것이라는 생각, 어떻게 해서든 그 열쇠를 자녀에게 쥐어주고 싶은 꿈 말이다. 그러나 과연 영어가 모든 성공의 열쇠가 될까? 꼭 어려서부터 영어 비디오를 보고, 영어유치원이나 어린이 영어학원에 다녀야만 영어라는 열매를 손에 쥘 수 있을까? 어쩌면 단지 '꿈'에 지나지 않을지도 모른다.

영어교육의 함정, '결정적 시기'는 없다*

영어 조기교육의 필요성을 주장하는 이들이 강력한 근거로 삼는 것이 '결정적 시기 가설'이다. 이 가설에 따르면, 사춘기 만 12~13세 전후가 넘으면 언어 습득 능력이 현저히 떨어진다고 한다. 하지만 이 가설이 의미를 가질 수 있는 것은 모국어 학습 상황에서다. 우리나라에서 영어를 배우는 것은 외국어로 학습하는 상황이기 때문에 이 경우에는 적용되지 않는다는 것이 학자들의 정설이다.

전문가들은 하나같이 "결정적 시기 가설이 적용될 수 없는 상황에서 영어를 시작하는 시기는 큰 의미가 없다"고 입을 모은다.

---

* 이병민 서울대학교 영어교육과 교수가 2008년 11월 국민교실 3회 강좌와 2009년 10월 등대지기학교 강의 때 발표한 내용을 기초로 정리했다.

이병민 서울대학교 영어교육과 교수가 영어 조기교육의 허상을 설득력 있는 근거와 실증 자료로 낱낱이 파헤치며 열강하고 있다.

초등 고학년 이후는 물론 심지어 성인이 된 후에 영어를 시작해도 학습자의 동기 부여 수준과 흥미에 따라 얼마든지 유창한 영어 실력을 갖출 수 있다는 뜻이다.

이와 관련하여 서울대학교 영어교육과 이병민 교수는 조기교육의 이론적 근거로 이야기되는 결정적 시기 가설은 오해에서 비롯한 것이며, '언어 습득의 결정적 시기'란 모국어에만 있을 뿐 외국어에는 없다고 잘라 말한다.

"부모들은 자녀의 영어교육에 있어 영어 학습의 '결정적 시기'라는 말에 부담을 느낍니다. 그러나 결정적 시기 가설은 우리나라와 같은 비영어권 국가에는 적용되지 않습니다. 그것은 이민 상황을 전제로 한 이론이에요. 우리나라와 같은 상황에 적용해서 결정적 시기가 있다는 학문적 증거는 어디에도 없습니다. 영어는 조기교육보다 적기 교육이 중요합니다.

결정적 시기 가설은 모국어를 습득한 뒤에 다른 외국어를 배울 때 적용되지 않습니다. 특정 나이를 지나 외국어를 배워도 완벽하게 구사할 수 있다는 것을 입증하는 사례는 얼마든지 있죠. 관건은 그 외국어에 충분히 노출된 환경에서 살고 있느냐의 문제일 뿐입니다. 일상적으로 영어를 구사해야 할 필요가 없는 상황에서, 결정적 시기를 넘기기 전에 영어를 가르쳐야 한다는 마음으로 영어 공부 시간을 몇 시간 늘리는 것은 별 의미가 없습니다."

왜 우리나라에서는 이 가설이 적용되지 않는 것일까? 한마디로 말해, 우리와 같이 영어를 모국어가 아닌 외국어로 배우는 환경에서는 아무리 일찍 영어를 시작한다 하더라도 영어를 습득하는 데 필요한 충분한 언어 입력(노출)이나 실제 사용 기회를 지속적으로 가질 수 없기 때문이다. 그래서 '결정적 시기'라는 변수가 언어 습득에 별 영향을 미치지 못하는 것이다.

사실 외국어 조기교육의 효과를 학술적으로 입증한 연구는 찾아볼 수 없다. 반대로 12~13세 이후에, 심지어 40세에 시작해도 외국어를 잘 할 수 있다는 증거는 많다. 로버트 할리, 제프리존스, 이참, 이다도시를 보자. 이 사람들은 몇 살 때부터 한국어를 배우기 시작했는가? 지금 한국 사람과 의사소통하는 데 어려움을 겪고 있는가?

영어 조기교육이 갖는 의미는 영어를 습득하는 목표와 관련이 깊다. 만약 내 아이가 원어민 정도의 실력을 갖추는 것이 목표라면, 될 수 있는 대로 이른 시기에 이민을 가라고 권하겠다. 그러면 영어를 거의 완벽하게 습득할 수 있다. 그러나 영어 공부의 목표가 원어민이 아니라면 조기교육을 고민할 필요가 없다. 그 수준의 영어라면 적절한 시기에, 누구나 배울 수 있기 때문이다.

자, 이런 상상을 해보자. 다음 두 아이 가운데 누가 더 영어를 잘할까?

A는 유치원 다닐 나이에 영어유치원을 1년 반 동안 다녔다. 그리고 우리나라 초등학교에 입학했다. 초등학교에 가서도 영어 공부를 계속했다. 그런데 학교에 들어가니 영어 말고도 배워야 할 것이 많았다. 피아노는 물론 주산, 태권도, 수학, 논술 학원에도 다녔다. 엄마가 발레도 해야 한다고 해서 발레학원에 다니고, 말하는 능력도 길러야 한다고 해서 웅변학원에도 다녔다.

그러다 보니 영어학원은 일주일에 한 번, 두 시간밖에 다닐 수 없었다. 차츰 영어에 대한 흥미가 떨어지면서 세상에 영어 말고도 재미있는 것이 많다는 것을 알게 되었다. 친구들과의 놀이, 컴퓨터 게임…… 이렇게 재미있는 것이 많은데! 영어는 해봐야 별 재미도 없고 실제로 사용할 일도 없는데다 선생님도 무뚝뚝해서 점차 영어에 흥미를 잃어갔다. 그렇게 초등 5학년이 되었다.

B는 일반 유치원을 다녔다. 아빠가 영어유치원을 반대한 것도 있지

만, 엄마가 아이를 데리고 영어학원에 갔을 때 B가 외국인을 보고 경기를 하는 바람에 그만 포기하고 돌아온 적이 있다. 그리고 B도 초등학교에 입학했다.

B는 우연히 EBS에서 영어 동영상을 보았다. 노래도 하고 게임도 하고 때로는 원어민이 나와서 영어로 말을 했다. 비록 알아들을 수는 없었지만 신기했다. 왠지 한번 해보고 싶었다. 결국 엄마를 졸라 영어학원에 갔다.

새로 배우는 언어는 매우 재미있었다. 책도 읽고 싶어지고, 말도 해보고 싶어졌다. 학교 복도에서 원어민 선생님을 만나면 영어로 대화를 시도해보고, 모르는 것이 있으면 물어보기도 했다. 텔레비전에 나오는 영어 만화나 책도 즐겨 보았다. B도 초등 5학년이 되었다.

초등 5학년이 된 A와 B, 두 아이 가운데 누가 더 영어를 잘할까? 만약 B가 더 잘한다면, 조기 영어교육은 대체 뭐란 말인가? 결정적 시기는 또 무엇이란 말인가? 그리고 A는 최소한 영어유치원에서 배웠던 유창한 수준을 유지하고 있을까? 그렇지 않다면 유치원 시절의 영어교육은 도대체 무슨 의미가 있을까?

이제 C의 경우를 보자. C는 영어유치원에 다녔다. 그리고 국내에서 초·중·고교를 다니면서 다른 아이들과 비슷하게 또는 조금 더 열심히 영어를 배웠다. 1년 정도는 미국에서 공부했고, 학원도 꾸준하게 다녔다. 그렇게 영어를 10년 정도 배웠다. 과연 이 아이의 영어 수준이 원어민 정도 되었을까? 답은 '아니오'이다.

C가 어떻게 되어 있을지를 유추해볼 수 있는 실례와 학문적 연구 결과는 많이 나와 있다. 한 예로 캐나다 퀘벡을 살펴보자. 그곳에서는 유치원 때부터 10년 동안 프랑스어를 가르친다. 단순히 외국어를 가르치는 정도가 아니라 거의 모든 교과 수업이 프랑스어로 이루어진다. 그런 환경이라면 프랑스어에 엄청나게 많이 노출되는 것인데, 이렇게 외국어를 배운 아이들은 원어민 수준의 실력을 갖게 되었을까?

놀랍게도 아니었다. 이 아이들은 원어민처럼 알아듣기는 하는데, 말하기에는 오류가 많았다. 주로 학교 교실에서만 프랑스어를 사용했기 때문에 표현이나 내용도 어색했고, 특히 프랑스어를 모국어로 사용하는 사람들과 만났을 때 의사소통이 완벽하지 않았다. 책을 많이 읽은 아이들은 읽기는 만족스러운 수준이었지만, 쓰기는 같은 또래 원어민과 차이가 났다.

왜 이런 결과가 나왔을까? 프랑스어를 배운 시간이 얼마인데! 상상하기조차 어려운 일이다. 그러나 엄연한 사실이다. 언어를 배운다는 것이 바로 이런 것이다. 그러므로 우리에게 영어 조기교육이 도대체 무슨 의미가 있으며, 그 효과는 과연 얼마나 되는지 분명 꼼꼼히 따져볼 필요가 있다.

그동안 영어 조기교육의 심각한 부작용 문제도 꾸준히 제기된 덕분에 2000년대 초반과 같은 '묻지 마!' 영어교육 바람은 많이 수그러들었다. 하지만 과도한 영어교육은 피하더라도 어릴 때부터 아이가 영어에 친숙해질 수 있도록 부모가 도와야 한다는 생각은 오히려 보편화되었다. 그래서 어린 자녀에게 영어 동화나 비디오 하나쯤 읽어주고 보여주지 않는 부모는 무책임하다고 인식하는 분위기다.

이른 시기에 영어교육을 시작해야 한다는 조급함 뒤에는 '언어 습득에는 결정적 시기가 있다'는 오해와 함께 '이중 언어 교육'에 대한 환상이 자리 잡고 있다. 이중 언어 교육의 장점을 이야기하는 사람들은 그것이 두뇌 발달에 좋은 영향을 끼치며, 유아 때 외국어를 가르치면 모국어를 배우는 것과 같은 방법으로 쉽게 받아들인다고 주장한다. 한국어는 어차피 배우게 되니까, 부모는 아이가 영어를 자연스럽게 습득할 수 있는 환경을 만들어주어야 한다는 것이다. 그러나 이런 주장은 이중 언어 교육에 대해 완전히 오해한 데서 비롯한 결과다. 그리고 이 오해에서 생겨난 잘못된 교육 방법들이 수많은 문제를 일으키고 있다.

그러면 진실은 무엇일까? 단적으로 말하자면, 우리나라에서 이중 언어 교육의 환경을 만드는 것은 불가능하다. 그리고 불가능한 조건에서 인위적으로 시도하는 이중 언어 교육은 부작용을 일으키거나 흉내 내기에 그칠 수밖에 없다. 경제적 부담과 엄청난 노력에도 불구하고 별 효과를 낼 수가 없다. 이병민 교수의 이야기를 들어보자.

> "우리말의 자극이 너무나 보편적으로 퍼져 있고 지배적이어서 도대체 영어가 자리를 잡기 어렵습니다. 영어라는 씨를 밭에 뿌리지만, 이 씨가 뿌리를 내리고 줄기를 뻗고 열매를 맺고 꽃을 피우기에는 척박하다는 것이죠. 영·유아기에 영어

를 자연스럽게 몇 시간씩 접하게 하는 것은 부모의 기대와 달리 별 효과가 없습니다."

　이중 언어가 가능할 만큼 충분한 노출이 되려면 얼마의 시간이 필요할까? 이병민 교수는 영어권 4세 유아 수준의 영어를 구사하기 위해 1만 1,680시간의 노출이 필요하다고 말하고 있다. 이것은 '하루 8시간×365일×4년'으로 계산한 것이다. 우리 아이들이 이 정도 영어 노출 시간을 확보하려면 어떻게 해야 할까? 매일 학교에서 영어회화 수업만 여덟 시간을 받는다면 4년, 네 시간 받는다면 8년, 한 시간 받는다면 32년이라는 기간이 필요하다.

　또 노출 방식도 달라야 한다. 비디오나 책을 통한 일방적 노출이 아니라 쌍방향 의사소통 같은 자연스러운 방식이라야 한다. 그런데 우리나라 영어교육 환경에서 이것은 불가능하다. 이처럼 당연한 사실을 생각하지 않고 무리하게 영어 노출을 시도한 결과, 정서 장애나 발달 장애 같은 심각한 문제가 발생하는 일이 적지 않다.

　육아 관련 사이트나 여성지, 신문, 책 등에서 접한 성공 사례와 노하우를 쫓아 돈과 에너지를 쏟아도 별다른 소득을 얻기란 어렵다. 오히려 영어 공부를 너무 일찍 시작하여 부모와 아이들 모두 지쳐버린 결과 이후 영어 습득이 더욱 힘들어지고 만다. 《잠수네 아이들의 소문난 영어공부법》에 실린 이야기를 하나 읽어보자.

"언제까지 이렇게 해야 하나? 유아기부터 영어교육을 해온 엄마는 초등학교 2~3학년 정도가 되면 매너리즘에 빠집니다. 4세부터 했다면 거의 만 5년, 태교부터 영어에 신경을 쓴 엄마라면 8~9년을 영어에 매달린 셈입니다. 영어 외에 해야 할 것이 태산 같은데, 언제까지 이렇게 살아야 하나, 하며 어느 순간 지쳐버립니다. 이때부터 진짜 공부해야 할 시점인데 말이지요."

영어유치원 보내면 원어민 될까?**

영어유치원이라는 명칭은 잘못된 표현이다. 흔히 영어유치원으로 알고 있는 곳은 유치원이 아니라 학원으로 인가가 난 곳이다. 그래서 간판에 유치원, 학교 같은 표현을 사용할 수 없다. 영어유치원이 아니라 유치부 영어학원, 전일제 어린이 영어학원 정도로 부르는 것이 옳다. 하지만 이 책에서는 편의상 영어유치원이라는 표현을 사용했다.

유치원은 유아교육이라는 전문성을 포함하지만, 영어학원은 영어를

** 김미영 전 S어학원 교수부장이 2009년 3월 제1차 영어사교육포럼 '어린이 영어 전문 학원 : 실태와 현황을 말한다' 토론회 때 발표한 내용을 기초로 정리했다.

가르치는 학원이지 유치원이 아니다. 두 기관은 교육 목표가 근본적으로 서로 다르다. 그래서 오로지 영어를 배우기 위해 영어유치원에 다니는 것은, 아이가 그 나이에 유치원에서 받아야 할 다른 교육을 포기하는 것과 같다.

> "다섯 살짜리 아이가 2년에 걸쳐 습득하는 것을 초등 1학년 아이는 6개월이나 1년이면 다 터득할 수 있어요. 실제로 어린이 영어학원에서 보면 5세부터 영어를 배운 아이나 초등 1학년 때부터 배운 아이나 몇 년 뒤에 같은 레벨에서 만나는 일이 허다해요.
> 또 영어유치원부터 보냈다고 해서 결코 원어민처럼 될 수는 없어요. 아무리 어린 나이에 시작하고 아무리 투자를 해도 한국에서 영어를 배우는 아이들에게 영어는 외국어일 뿐이죠. 엄마들은 이런 사실을 잘 몰라요. 아이의 발음에 현혹되고 스펠링 점수에 눈이 멀기 쉽죠."

어린이 영어 전문 학원에서 12년간 강사로 활동하며 교수부장을 역임한 바 있고, 《영어 가르치는 엄마들의 교과서》의 저자이기도 한 김미영 씨의 말이다. 비단 김미영 씨만이 아니다. 영어 교사, 유명 영어 강사, 영어교육과 교수, 영어 교재 저자 같은 전문가들이나 소문난 영어의 달인들은 하나같이 "영어 조기교육은 과학적 근거가 약하고 효과도 미미하다"고 말한다. 이론적으로 보나 오랜 교육 경험으로 보나 "영어교육은 빠를수록 좋다"는 것은 미신이고 오해라는 것이다.

전문가들은 더욱이 영·유아기부터 영어를 배울 필요는 결코 없다고 강조한다. 교육 효과도 적고, 부모와 아이 모두 지치게 할 뿐이라는 것이다. 특히 영어유치원은 자녀의 전인적 성장에 해롭기까지 하다고 경고한다. 그러나 영어교육의 현실은 전문가들의 견해와는 반대의 길로 치닫고 있다.

영어교육을 둘러싸고 다양한 문제가 복합적으로 얽혀 있는 우리 현실에서 부모들이 영어 사교육을 완전히 피해가기란 매우 어려운 일이다. 하지만 앞에서 보았듯이 세간에 퍼져 있는 영어교육 이론이나 정보 가운데는 근거 없는 엉터리들이 적지 않다. 대부분 학원 등 영어교육 산업 종사자들이 소비자들의 불필요한 욕구를 자극하기 위해 과장하고 증폭시킨 것들이다.

이제 거품이 끼어 있는 영어 사교육의 실상을 제대로 들여다볼 필요가 있다. 그들의 비즈니스에 덩달아 춤출 게 아니라, 꼭 필요한 사교육과 그렇지 않은 사교육을 냉철하게 분별해내야 한다. 먼저 영어유치원에서는 실제로 어떤 교육이 이루어지고 있는지 알아보자.

발음이 끝내줘요!

영어유치원은 수업료가 70~100만 원대 이상을 호가하는 고급 학원부터 30~40만 원대의 학원까지 수업료 수준이 다양할 뿐 아니라 교육 내용도 천차만별이다. 여기서는 60~70만 원대 이상의 영어유치원을 위주로 교육 내용을 살펴보겠다.

이곳에서는 주로 원어민 교사를 중심으로 영어 수업이 이루어진다. 오로지 영어만을 사용하는 곳도 있고, 한국어와 영어를 병행하는 곳도 있다. 영어로 수업이 이루어지다 보니 처음 3~6개월 동안 아이들은 심한 언어 스트레스에 시달린다. 하지만 점차 환경에 적응하여 한두 마디씩 영어를 말하기 시작한다. 그 한두 마디에 부모들은 마치 아이가 '엄마'라는 말을 처음 내뱉었을 때와 같은 감동을 받는다.

특히 부모들은 아이의 발음이 자신보다 훨씬 좋다는 점에서 조기교육의 효과를 확인하며, 발음으로 아이들의 영어 능력을 평가하는 경향이 있다. 그리고 그 발음에 대한 강조가 '영어교육은 어릴 때 시작할수록 좋다'는 고정관념의 뿌리가 되고 있다.

그러나 아이들의 발음을 잘 들어보라! 대부분 발음이 불분명하다. 그리고 이것은 당연한 결과다. 우리나라 유치원생들을 생각해보자. 그 아이들의 우리말 발음이 좋으면 얼마나 좋을까? 또 말을 잘하는 아이가 몇 명이나 되는가?

영어도 마찬가지다. 영어유치원 아이들의 발음을 자세히 들어보면, 뛰어난 아이는 10% 정도에 지나지 않는다. 아무리 발음이 좋다고 해도 우리나라에서 영어를 배우는 이상 한국어 액센트가 들어갈 수밖에 없다. 그것을 부끄러워할 필요도 없다. '월드 잉글리시(World English)'라는 말이 생겨날 정도로, 영어가 국제화되면서 그만큼 발음도 다양해지고 있으며, 국제 사회도 그것을 자연스럽게 받아들인다.

영어 책을 술술 읽어요!

영어유치원에서 아이들이 배우는 내용을 살펴보자. 색깔, 수, 음식, 옷 등 일상생활과 관련된 기초 단어나 간단한 표현이다. 그런데 그것을 가르치는 방법은 학원마다 다르다. 높은 가격대의 영어유치원에서는 일반 유치원에서 하는 활동의 일부를 영어와 접목시켜서 다양한 교구와 활동을 통해 아이가 영어에 노출되도록 한다. 처음에 스트레스를 받던 아이들도 차츰 환경에 적응하게 된다.

그러나 이 같은 환경을 마련하려면 많은 투자가 필요하다. 교사를 뽑고, 교육하고, 커리큘럼을 짜는 데 엄청난 노력이 요구된다. 그런 투자를 할 수 있는 곳에 다니는 아이들은 그나마 행운아다. 체계적인 교육 과정도 없고 환경도 열악하며 교사의 자질이 낮아서 실제 교육 효과는 거의 없다고 해도 지나치지 않은 영어유치원이 많기 때문이다.

그렇다면 영어유치원들은 왜 투자를 하지 않을까? 무엇보다 학원 경영자가 느끼는 불안감 때문이다. 시설, 프로그램 개발에 많이 투자했는데 학부모들이 금방 다른 학원으로 옮겨가버리면 손해가 막심하다. 그래서 교육 환경을 갖추기 위한 근본적 투자보다는 학부모에게 학습 효과를 가시적으로 확인시키는 데 더 신경을 쓰게 마련이다.

교육 효과를 입증하는 가장 확실한 방법은 물론 아이가 유창하게 영어를 구사하는 것이다. 하지만 이것은 실제로 가장 어려운 일이다. 그래서 차선책으로 영어 책을 줄줄 읽어 내려가는 모습을 통해 효과를 입증하려 한다. 그런데 자연스러운 노출을 통해서 6, 7세짜리 아이가 단기간에 문자를 해득하고 영어 책을 술술 읽는 것이 어디 쉬울까? 그러다 보니 단어 암기나 쓰기 숙제, 스펠링 시험까지 등장하게 된 것이다.

내 아이는 이제 'yellow, pink' 같은 초보적 단어를 배우고 있는데 옆집 아이는 자기 또래의 수준보다 훨씬 어려운 영어 책을 읽고 스펠링 시험에서 만점을 받았다는 소리를 들으면 속에서 불이 나는 게 당연하다.

하지만 차분하게 생각해보자. 6세 아이에게 가장 필요한 것이 영어 책을 읽고 스펠링을 외우는 것일까? 물론 영어 책을 읽을 수 있게 되면, 그만큼 자습 능력이 생기기 때문에 다른 아이에 비해 유리할 수 있다. 하지만 그것도 아이가 영어 책 읽기를 좋아할 때만 가능하다. 그리고 영어 스펠링 암기는 초등 고학년 때 해도 늦지 않다. 이처럼 나중에 해도 될 일을 미리 앞당겨 하느라고 아이가 실제 그 나이에 터득해야 할 것, 그 나이에 더욱 효과적으로 터득할 수 있는 것을 놓치고 있는 건 아닐까?

영어로 유창하게 말해요!

무리한 암기식 학습 방법이 영어유치원에 등장한 이유는 왜일까? 그것은 말하기 능력이 단시일 내에 성장하지 않기 때문이다. 특히 유치원 연령의 아이들은 집중력과 장기기억 능력이 뛰어나지 않다. 그렇기 때문에 영어를 자연스럽게 습득하도록 하려면 아이가 질리지 않도록 다양하고 즐거운 활동을 통해 장기간 영어에 노출시켜주는 것이 중요하다.

그리고 중간에 그만두면 그동안 배운 것도 다시 원점으로 돌아가기 때문에 중도에 그만두어서도 안 된다. 어떤 부모들은 6세 때 영어유치원을 보내고 7세 때 일반 유치원을 보내면 두 마리 토끼를 다 잡을 수 있지 않을까 생각한다. 그러나 그건 그야말로 부모의 바람일 뿐, 실제로 아이는 영어유치원을 그만두자마자 금방 영어를 잊어버리고 만다.

또 영어유치원을 지속적으로 다닌다고 해서 영어가 생각만큼 유창해지는 것도 아니다. 처음 몇 마디 영어에 감탄하던 부모도 시간이 가면 서서히 감동이 시들해져 다른 것에 욕심내기 시작한다. 물론 아이도 변한다. 처음에는 빠른 속도로 단어를 습득하더니, 어느 순간 한계에 이른다.

아이들에게 수업시간에 배운 단어를 물어보면 어렵지 않게 대답한다. 하지만 막상 회화에 들어서면 그 표현이라는 것이 어른들의 콩글리시 못지않다. 'I don't have~'라는 기초 표현조차 하지 못하고 "me, no pencil"이라고 말한다. 서로 다툰 두 아이에게 싸운 이유를 물어보면 "He first me hit 팍팍"이라고 말한다.

물론 아이들은 이런 중간 언어 단계를 거쳐서 언어를 습득한다. 그런데 문제는 이런 단계에서 머물다가 끝나는 경우가 많다는 것이다. 이것은 어느 특정한 곳의 사례가 아니라 영어유치원을 다니는 아이들이 보여주는 일반적인 모습이다.

영어도 아이의 인지 발달과 함께 발전한다. 영어를 조금 한다고는 하지만 이 아이의 영어는 5~6세의 영어라는 사실을 잊지 말아야 한다. 아니, 그보다 낮은 단계의 영어일 가능성이 더 높다. 어떤 조건에서든 영어권에서 성장하는 어린이와 같은 수준의 언어를 구사한다는 것은 불가능하기 때문이다.

과거형 학습법 답습하는 초등 영어학원

아이가 유아기를 지나 초등학교에 입학하면 영어 사교육은 더욱 일반화되고 본격화된다. 우리 단체가 서울과 수도권의 5개 초등학교의 학생 238명을 대상으로 실시한 조사에 따르면, 초등학생의 90%가 영어 사교육을 받고 있었다. 또 이 조사에서

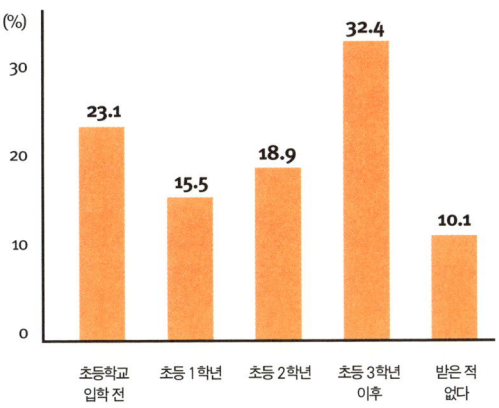

"초등 90%, 영어 사교육 받아요"
— 영어 사교육 시작 시기

아이들이 영어 사교육을 처음 시작한 시기는 초등학교 입학 전이 23%, 초등 3학년 이후가 32%로 나타났다.

초등학생 영어 사교육의 중심은 어린이 영어 전문 학원이다. 아이들이 받고 있는 사교육 가운데 영어 전문 학원이 49.6%로 단연 1위를 차지했다. 그래서인지 몇 해 전부터 이 시장의 규모와 매출이 큰 폭으로 성장하면서 외국 자본들까지 가세하여 영어 전문 학원들이 기업화되고 대형화되었다.

영어유치원으로부터 시작되는 영어 사교육 로드맵이 유행하면서, 이에 따른 사교육비도 가중되고 있다. 우리 단체에서는 이러한 로드맵을

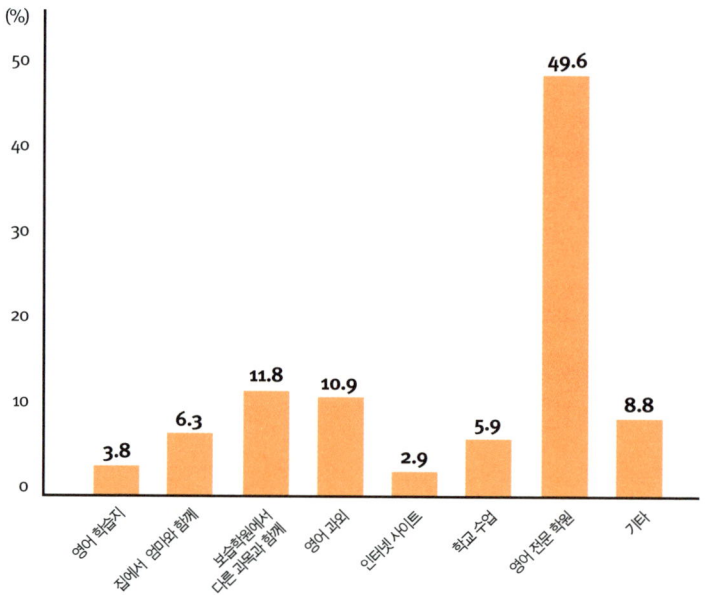

"영어 사교육 로드맵 비용 4,000만 원 이상 들어요"
— 외국어고 진학 로드맵에 따른 분당 지역 영어 사교육비 추정치

(단위 : 만 원)

급별	W영어유치원	J어학원(초등)	A어학원 (중1~중3)	합계 (유치원~중3)
비용	70~80 (연 840~960)	30~35 (연 360~420)※ — 교재비 포함	30~35 (연 360~420)	4,080~4,740 — 교재비 포함

※ 출처 : 외국어고 관련 5회 연속 토론회 2차 토론회 자료집

따를 때 영어 사교육비가 얼마나 드는지 실제 조사를 통해 계산해보았다. 그 결과 유치원부터 중3 때까지 한 아이의 영어 사교육비로 적어도 4,000만 원 이상이 필요한 것으로 나타났다.

위의 표는 분당 지역의 영어 사교육 기관을 중심으로 그 비용을 계산한 것이다. 이 추정치에는 학원의 특강 비용 그리고 요즘 중산층 이상의 가정을 중심으로 확산되고 있는 영어캠프나 단기 조기유학 비용 등은 제외되었다. 따라서 이런 비용들을 포함한다면, 영어 로드맵에 따른 실제 사교육비는 4,000만 원을 훨씬 웃돌 것으로 추정된다.

비용도 비용이지만, 과중한 학습 부담도 심각한 수준이다. 앞의 조사에 따르면, 초등학생의 절반 이상이 하루에 1~3시간씩 영어 공부를 하는 것으로 나타났다. 특히 영어 전문 학원과 특목고 전문 학원의 프로그램에서 요구하는 학습 목표와 강도는 초등학교 시기부터 일반적인 상상을 뛰어넘는 수준이었다.

초등 영어학원은 크게 두 종류로 나눌 수 있다. 하나는 말하기 위주로

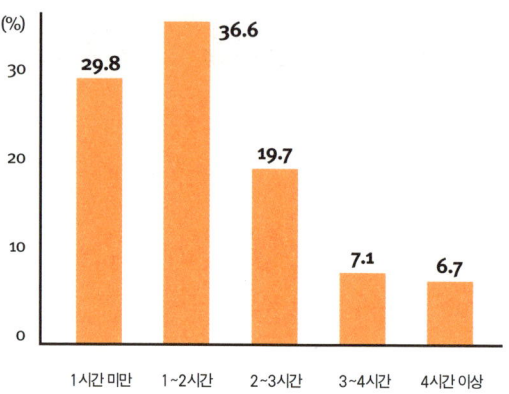

※ 출처: 영어사교육포럼 1차 토론회 자료집

수업을 진행하는 학원이고, 다른 하나는 시험을 통해 선발된 아이들만 교육시키는 학원이다. 교육 방법도 서로 다르다. 앞의 학원은 말하기를 이끌어내기 위한 다양한 활동을 접목시켜서 수업을 진행하며 말하기, 듣기, 읽기, 쓰기를 하나로 묶는 통합 교육을 지향한다. 반면 뒤의 학원은 네 가지 영역을 따로 나누어서 집중적인 단어 학습, 읽기와 쓰기 연습 등으로 수업을 진행한다.

그리고 언제부터인가 앞의 학원은 초급 단계 학원, 뒤의 학원은 고급 단계 학원이라는 인식이 뿌리를 내렸고, 후자의 학원들이 초등 영어 사교육계의 주류를 형성하기 시작했다. 왜 이런 현상이 나타났을까? 그 배경을 들여다보자.

처음 영어 조기교육이 등장했을 무렵에는 말하기와 듣기 위주의 활동을 통해 외국어를 가르치는 영미의 교수법을 따랐다. 읽기와 쓰기 교육도 병행되었지만, 그것은 말하기와 듣기 능력을 뒷받침하는 차원에서 이루어졌다. 아이들도 영어 배우는 것을 즐거워했고, 학부모들도 자신들이 경험해보지 못한 새로운 학습 방법을 반겼다.

그러다가 차츰 변화가 생기기 시작했다. 그 변화의 원인은, 단어와 읽기 능력은 발전 속도가 빠른 반면 말하기는 생각만큼 늘지 않는다는 데 있었다. 실제로 초등학생들에게 영어를 가르쳐보면, 아이들의 영어가 생각만큼 빨리 늘지 않는다는 것을 알 수 있다. 단어도 많이 알고 문법도 알지만, 부모들이 원하는 유창한 말하기 능력은 쉽게 습득되지 않는다.

그런데 좀더 생각해보면, 그것은 당연한 일이다. 학습의 절대 시간이 부족한 것이다. 일주일에 세 번, 매번 한두 시간씩 1년을 학원에 다닌다 해도 영어 수업 시간은 총 200시간 남짓일 뿐이다. 그것을 하루 여덟 시간으로 쪼개면 20여 일, 24시간으로 나누면 8일 정도밖에 되지 않는다. 6년 동안 영어학원을 다녀도 시간으로 계산하면 두 달 정도밖에 되지 않는 셈이다.

영어를 배운 기간이 아니라 시간으로 따져보면 노출 정도가 턱없이 부족하다는 것을 알 수 있다. 사정이 이러하니 부모가 보기에는 아이가 매일 학원에서 놀다 오는 것만 같고, 아이의 영어 실력을 확인할 길도 없으니 답답할 따름이다. 결국 학부모들의 답답함을 덜어주기 위해 학원에서 무리한 방법을 사용하기 시작했다. 즉, 아이들이 '빡세게' 공부

학원 사교육에 의존하는 영어교육에 대한 대안 모색 최종 토론회 장면.

하는 모습을 보여주는 것이다. 하루에 30개 이상씩 단어를 외우게 하고, 교재도 대여섯 권씩 된다. 학생들이 혼자 하기에 버거울 정도의 단어 암기 과제와 그밖의 숙제를 부과하기 때문에 어떤 부모들은 그 숙제를 감당하기 위해 과외 교사를 따로 두기도 한다.

학원 입장에서도 나쁠 것이 전혀 없다. 이전보다 교사 관리가 수월해졌고, 교구도 필요 없어졌다. 교재 진도 나가고, 숙제 확인하고, 시험 보는 데 특별한 영어 교수법이 필요한 것은 아니기 때문이다.

이런 변화를 거쳐서 지금 다수의 초등 영어학원은 많은 학습량과 시험을 기반으로 하는 20년 전의 영어교육을 답습하고 있다. 영어교육학계에서는 실생활과 관련된 게임이나 아이들의 흥미를 높일 수 있는 학습 활동을 강조하지만, 사교육계에서는 그것을 영어를 처음 접하는 아이들에게나 어울리는 것쯤으로 치부한다.

왜 부모들은 이런 '고강도' 영어학원을 선호할까? 여러 가지 이유가 있겠지만, 무엇보다 부모들의 확인 욕구를 충족시켜준다는 점이 가장 큰 요인이다. 쉽게 말하면 '내 아이가 책상에서 공부하는 꼴을 좀더 많이 볼 수 있다'는 것이다. 게다가 국제중, 특목고 등이 여기에 불을 질렀다.

'빡센' 학원들이 성황을 이루면서 생겨난 가장 큰 문제는, 그들의 학습법(암기와 과다한 학습량)이 다른 학원에까지 영향을 미치면서 학생들이 너무 빨리 '영어 활동'이 아닌 '영어 공부'에 물든다는 점이다. 많은 부모들이 이렇게 생각하게 된 것이다.

"◇◇학원에 다니는 누구는 하루에 숙제를 두 시간이나 한다더라. 근데 우리 애는 만날 학원 갔다 와서 공부하는 꼴을 못 봤다. 도대체 뭘 배우는지도 모르겠고."

그러나 과다한 학습량에도 불구하고 학생들의 영어 실력은 그다지 늘지 않고 있다. 그리고 그것은 당연한 일이다. 영어를 잘하기 위해서는 그만큼 말할 기회가 많아야 하는데 읽기, 쓰기, 숙제, 단어 암기에 치중하고 시험 점수에 집착하니 언제 말할 기회가 있겠는가? 학부모들은 아이들의 영어 실력이 아니라 당장의 시험 점수에 만족하고 있을 뿐이다.

엄마표 영어를 위한 선행 조건

부실한 공교육과 과도한 사교육의 폐해를 극복하면서도 자녀의 영어 실력을 향상시킬 수 있는 대안으로 '엄마표 영어'가 뚜렷한 흐름을 형성하고 있다. 엄마표 영어는 무엇보다 실제적인 교재를 사용한 흥미 위주의 접근을 시도하고, 자녀의 개별적 특성을 고려하여 진행된다는 점에서 장점이 있다. 하지만 이것 역시 우리 사회의 영어 열풍과 맞물리면서 과열되고 있어 신중하게 접근할 필요가 있다.

언론과 책을 통해 전해지는 엄마표 영어의 성공 사례 뒤에는 그것을 가능하게 한 수많은 다른 요인이 있다는 점을 생각해야 한다. 이런 점들을 신중하게 검토하지 않고 엄마표 영어의 방법론을 무리하게 적용하면 부모와 자녀 모두에도 큰 스트레스가 될 뿐 기대하는 성과를 얻기가 어렵다.

엄마표 영어의 성공에 있어 가장 중요한 것은 부모의 학습 관리 능력, 자녀의 동기 부여 정도와 학습 능력, 부모와 자녀의 우호적 관계다. 그런데 사실 이런 요건을 모두 충족시키는 경우는 흔치 않다. 또 여건이 허락한다 해도 지나친 학습 방법은 피하는 것이 좋다.

하지만 아이가 흥미를 느낄 수 있는 방식으로 접근하는 듣기, 학습 교재가 아닌 쉽고 실질적인 영어 교재(예를 들면 영어 동화)를 활용한 흥미

엄마표 영어를 성공적으로 실천하고 있는 한미현 씨는 영어를 잘하려면 먼저 우리말에 대한 이해도가 높아야 한다며, 독서의 중요성을 강조한다.

위주의 읽기 등은 공교육의 한계를 보완하면서 영어 실력을 꾸준히 쌓아갈 수 있는 좋은 방법이다. 일정한 틀에 얽매이지 않고 하루에 30분씩 매일, 또는 일주일에 2~3회씩 자녀가 관심을 보이는 쉽고 재미있는 읽기 교재를 꾸준히 읽히는 것은 학습 효과도 높고 부모의 부담도 적어서 권장할 만하다.

물론 영어 동화책 등을 구입하는 데 드는 비용도 만만치 않은 것이 사실이다. 하지만 최근에는 학교나 지역의 도서관 인프라가 확충되고, 무료이거나 저렴한 비용으로 접근할 수 있는 인터넷 콘텐츠가 증가하면서 과거에 비해 여건이 훨씬 좋아졌다.

그리고 여기서 한 가지 기억해야 할 것은 영어 책 읽기를 잘하기 위해서는 오히려 어린 시기에 우리말 독서에 더욱 신경 쓸 필요가 있다는 사실이다. 엄마표 영어 5년차인 한미현 씨의 이야기를 들어보자.

"우리 아이는 영어로 말하고 소설을 읽는 데 별 지장이 없어요. 하지만 조기 영어교육은 시키지 않았어요. 오히려 어릴 때는 우리말 책을 많이 읽혔죠. 엄마표 영어에서 흔히 하는 비유가 있어요. 컵이 두 개 있는데 하나는 비어 있고, 다른 하나에는 돌이 들어 있다고 해보세요. 물을 부으면 어느 쪽이 먼저 넘치겠어요? 당연히 돌이 들어 있는 쪽이 빨리 넘치죠. 영어가 물이라면, 한글 독서로 얻은 지식은 돌인 셈이죠. 책 읽는 습관과 배경 지식이 형성되면, 나중에 영어 책을 접하는 것은 물론이고 읽고 이해하는 속도도 훨씬 빨라집니다."

영어의 성공은 영어유치원을 보낸다고 해서, 영어학원을 오래 다닌다고 해서 이루어지는 것이 아니다. 아이의 자질, 동기, 영어에 노출된 정도 등 다양한 요인이 영향을 미친다. 그런데도 우리는 지금 10%도 안 되는 성공률에 나머지 90%까지 목을 매고 있는 상황이다. 사실 그 10% 안에 드는 아이들은 단순히 사교육을 통해서 길러진 것이 아니다. 개인의 능력, 부모의 학력, 문화적 경험 등 수많은 변수들이 어우러져 만들어낸 결과다.

우리가 따라야 할 효과적인 영어교육 방법은 조기교육이 아니라 적기 집중 교육이다. 그리고 그 적당한 시기는 아이들마다 다르다. 초등 1학

'솔빛엄마'로 잘 알려진 솔빛이네 엄마표 영어 대표 강사, 이남수 씨는 영어는 조기교육이 아닌 적기 집중 교육이 더 효과적이라고 설명한다.

년일 수도 있고 3학년일 수도 있으며, 대학생이 된 이후일 수도 있다. 엄마표 영어의 선두 주자 가운데 한 사람인 솔빛엄마 이남수 씨는 학부모들에게 이렇게 조언한다.

> "일찍 시작해야 한다는 부담감을 갖지 마세요. 저는 엄마들에게 초등 3~4학년부터 영어를 가르치라고 충고합니다. 그 때가 딱 맞는 시기예요. 고학년이 되면 배경 지식이 많아져서 이해도 잘하고, 공부하려는 의욕도 높아져서 아주 좋은 효과를 냅니다."

그럼 어떻게 하죠?

하나. 영어를 배우는 데 '결정적 시기'라는 것은 없습니다. 따라서 영·유아 때부터 영어를 접하게 해주어야 한다는 부담을 가질 필요가 없습니다. 영어를 시작하는 시기는 중요하지 않아요. 조급한 마음에 너무 일찍 영어교육을 시작하면 효과도 없을뿐더러 부모와 아이 모두 지치게 됩니다.

둘. 영어 공부를 시작하기에 적절한 시기와 방법은 아이마다 다릅니다. 내 아이에게 맞는 시기와 방법을 찾는 것이 중요하겠죠. 아이가 영어에 흥미를 보이고 동기 부여가 충분히 되었을 때가 적기입니다. 아이에 따라서는 초등 3학년 때부터 시작해도 늦지 않습니다. 오히려 우리말 어휘 실력을 기초로 더 빠르게 영어를 익힐 수 있죠.

셋. 영어유치원은 영어 학습 효과가 크지 않습니다. 그리고 6, 7세 시기에 영어만 사용하는 유치원에 다니는 것은 자녀의 종합적인 성장에 마이너스가 됩니다. 유아기의 아이가 2년에 걸쳐 습득하는 영어를 초등학생은 6개월이나 1년이면 다 터득할 수 있으니, 너무 서두르지 마세요.

넷. 초등학생 아이를 어학원에 보낼 때는 학교 시험이나 입시에 대비하는 곳보다는 의사소통 능력을 키워주는 학원을 선택하세요. 강도 높은 프로그램보다는 흥미 요소가 많이 가미된 학습이 필요합니다. 특히 자녀가 배우는 교과 내용보다 지나치게 수준이 높은 영어 사교육은 피하세요.

다섯. 엄마표 영어에서 제시하는 표준 학습 방법을 성공적으로 적용할 수 있는 경우는 극히 드뭅니다. 그리고 엄마표 영어를 한다고 해도 조기에, 지나치게 하는 것은 금물입니다. 무리하게 진행하는 것을 피하고 흥미를 유발할 수 있는 방법을 선택해서 일정 시간 꾸준히 해나가는 것이 좋습니다. 초등 고학년 이후 엄마표 영어의 성공을 위해서도 어린 시기에는 우리말 독서를 통해 책 읽는 습관과 폭넓은 배경 지식을 얻는 것이 매우 중요합니다.

여섯. 최근에는 부산 영어도서관이나 강동구, 용산구 등 지자체가 운영하는 영어도서관이 활성화되어 있고, 학교에도 영어 도서들이 많이 구비되어 있습니다. 이런 도서관을 이용하거나 EBSe 영어교육채널www.ebse.co.kr이나 리틀팍스www.littlefox.co.kr와 같이 무료이거나 저렴한 비용으로 이용할 수 있는 다양한 온라인 영어 학습 프로그램을 활용해 보세요. 하루 30분, 또는 일주일에 두세 번, 30분 정도씩 학교 영어 공부와 병행하면서 꾸준하게 하는 거죠. 이보다 더 집중적인 영어 공부는 아이가 충분히 준비가 되었을 때 해도 절대로 늦지 않습니다.

일곱. 요약하면, 우리나라와 같이 외국어 습득이 매우 불편한 환경에서는 생물학적으로 언어 습득에 결정적 시기가 있느냐 또는 조기 영어교육의 효과가 있느냐 하는 다툼이 큰 의미가 없습니다. 영어 시작 시기보다는 아이가 영어에 흥미를 보이고 동기 부여가 되었을 때 (심지어는 대학생이 되었을 때) 일정한 기간 동안 집중적으로 몰입하는 시간이 필요하고, 그 이후에는 자발적인 노력을 통해 생애 전체에 걸쳐 '영어 사용 축적 시간'을 늘려가는 꾸준한 과정이 중요합니다.

우리집이 달라졌어요
엄마, 여름방학 때는 영어학원 쉴래요

정미경 (주부, 경기 성남시 분당구)

아이를 어떻게 키워야 하는지 전혀 고민해본 적도 없던 스물일곱 살에 저는 첫아이의 엄마가 되었습니다. 그리고 저만 믿고 태어난 아기를 위해 무엇이든 할 수 있는 한 최선을 다해야 적어도 후회가 없을 것이라고 다짐했습니다.

이 사랑이 점점 왜곡되어갔습니다. 엄마가 세운 목표와 계획에 그저 아이들이 순종해주길 바랐고, 학교와 학원 숙제를 성실히 해가는 모범생이기를 강요했습니다. 책을 읽고 있던 아이의 손에서 책을 빼앗고, 학원 숙제부터 하라며 다그쳤던 수많은 지난날들.

그러던 중 아이들이 다니는 초등학교에서 사교육 실태 조사를 했습니다. 지금 생각하면 너무나 부끄러운 일이지만, 그 당시는 '내 아이들은 남달리 뛰어나니까 당연히 수준 높은 학원으로 보낼 수밖에 없는 거지'라고 생각하며 사교육 실태 조사서에 거리낌 없이 당당하게 수강 과목과 수강료를 적어 제출했습니다. 당시 아이들의 영어 사교육비만 100만 원 정도 되었어요!

그런데 아이들이 다니는 초등학교가 사교육 없는 학교로 지정되었습니다. 2010년 1학기 내내 교장선생님, 교감선생님 이하 전교직원, 뜻있는 학부모 운영위원들께서 사교육 없는 학교를 만들기 위해 동서분주할 때 저는 조금 먼발치에서 불구경하듯 반신반의했습니다.

여름방학을 앞두고 전교생이 영어 테스트를 보았습니다. 각자의 레벨에 맞게 책을 선택하여 읽고, 퀴즈를 풀고, 포인트를 쌓으면 학교에서 시상을 하겠다고 발표했습니다. 아이들이 조심스럽게 건의를 하더군요.
"엄마, 여름방학 동안만 영어학원을 쉬고, 읽고 싶었던 영어책을 학교에 가서 실컷 읽으면 안 될까요? 포인트를 열심히 쌓아서, 잘하면 상도 받을 수 있고……."

두 아이 모두 영어유치원을 3년씩이나 보냈고, 이제껏 영어학원을 쉬지 않고 달려오며 아이들의 영어교육을 각별히 신경 썼던 저에겐 큰 결단이 필요했습니다. 학원 사교육을 맹신하고 있던 어미 마음을 알기나 한 듯, 아이들의 뜻에 선뜻 따라주지 않는 저에게 초등 1학년인 딸아이가 물었습니다.

"엄마, 영어를 잘하려면 꼭 쉬지 않고 학원을 다녀야 하는 거예요? 방학만이라도 학원을 쉬고 영어 책만 많이 읽으면 안 될까?"

2010년 여름, 유난히도 폭염이 잦았던 방학 내내 아이들은 학원이 아닌 초등학교 3층에 있는 영어도서관을 오르내렸습니다. 이마에 흐르는 땀방울을 손으로 훔치는 아이들의 눈이 즐거움과 재미로 반짝거렸습니다. 엄마가 시켜서 하는 과제라면 이맛살을 찌푸리며 한 시간을 못 버티던 아이들이 방학 한 달 동안 부지런히 영어 책을 읽고 퀴즈도 풀어서 포인트를 모아 최우수상, 우수상을 받았습니다. 무엇보다 스스로 책을 선택하여 읽고, 퀴즈 풀고, 또 차곡차곡 쌓여가는 포인트를 보며 맛보는 성취감과 자존감! 세상 무엇과도 바꿀 수 없는 값진 경험이었습니다.

상을 받아온 날, 아이 둘을 꼭 안아주는데 저도 모르게 목이 메이면서 눈물이 왈칵 쏟아졌습니다. 아이들을 믿고 기다려주지 못했던 지난날에 대한 미안함과 반성의 눈물이었지요. 이제 자기주도적인 학습을 통해 스스로 즐기면서 학습하는 생활습관이 몸에 베여 다른 과목으로도 확장하리라 믿습니다. 이 작고 미약해 보였던 영어도서관에서 저는 스스로 '영어 거인'으로 성장하며 하루하루 즐겁게 책을 읽는 아이들을 오늘도 만나고 옵니다.

8
요즘 초등학생들의 단기 조기유학이 필수라던데요

❝ 한국에서 영어를 배우는 것에는 한계가 있어요.
경제 사정만 허락한다면, 방학을 이용하여
해외에서 진행되는 영어캠프에 최대한 자주 보내거나
직접 현지로 유학 가서 1~2년 동안 제대로 익히게 하는 것이 최고죠.
그렇게 하면 장기적으로 한국이나 미국의 명문대학에 입학하여
전문직을 갖게 하겠다는 목표를 이룰 수 있어요.❞

1990년대 중반까지 해외 영어캠프나 조기유학은 특정 계층 사람들에게 한정된 이야기였고, 조기유학의 상당수는 도피성 유학이었다. 그러나 최근에는 중산층까지 가세하면서 초등학생들의 해외 영어캠프나 조기유학이 급증하고 있다. 물론 급증하고 있다고는 해도 고비용의 영어캠프나 유학에 참여할 수 있는 가정은 아직 소수라고 할 수 있다. 하지만 이런 열풍이 부모들에게 미치는 심리적 영향이나 사회적 파장은 매우 크다.

자녀가 아직 미성숙한 어린 나이임에도 불구하고 영어 공부를 위해 해외로 내보내거나, 어려운 여건에도 불구하고 보내고 싶어 하는 이유는 왜일까? 그 주된 목표는 현지에서 영어를 익히게 하여 자녀가 고입과 대입은 물론 성인이 된 후에도 취업과 승진에서 우위를 점할 수 있도록 해주려는 것이다.

최근의 해외 영어캠프는 흥미와 체험 위주 프로그램으로 구성되었던 과거와 달리 강도 높게 관리되는 영어 학습 프로그램이 대부분이다. 유학의 경우에도 업체가 입학 과정뿐 아니라 학생들의 현지 생활까지 종합적으로 관리해주는 '관리형 유학'이 대세다. 관리형 유학 프로그램에는 현지 학교생활 적응, 이국 문화에 대한 적응, 국내 복귀를 대비한 영어와 수학 집중 지도 등이 포함된다. 이처럼 해외 영어캠프와 조기유학 시장은 업체들이 직접 현지 프로그램을 기획하고 관리하는 단계로 성장했으며, 유학원뿐 아니라 대형 어학원, 언론사, 입시학원 등이 가세하면서 사교육 시장의 새로운 트렌드로 자리를 잡았다.

특히 대형 사교육 업체가 관리형 조기유학 시장에 뛰어들면서 프로그램에 변화가 일었다. 그들은 영어 학습의 밀도를 더욱 높이고, 영어 외 다른 과목(국어, 논술, 수학, 사회, 과학)의 학습 비중도 높여가고 있다. 이들은 현지에서도 학생들에게 지속적으로 레벨 테스트를 실시하고, 수학 선행학습을 진행하는 등 귀국 후 특목고 입시를 대비할 수 있도록 학원 자체 프로그램과 연동하여 유학 사업을 진행하고 있다.

많은 어려움에도 불구하고 아이들을 장기간 해외로 떠나보내는 부모들의 마음 한 켠에는 '내 아이만큼은 입시 지옥에서 성장기를 보내게 하고 싶지 않다'는 간절함도 깔려 있다. 영어도 영어지만, 좀더 나은 교육 환경을 제공해주고 싶다는 소망 말이다. 하지만 최근의 과열된 조기유학은 이러한 소망과 어긋나는 방향으로 진행되고 있다. 선진 교육 환경을 제대로 누리기보다는 외국 안에서 교육의 코리아타운을 형성해가고 있는 것이다. 유학을 가서도 사교육에 의지하고, 학교와 숙소만 왔다 갔다 하는 시계추 생활을 하면서 서울에서보다 더 답답하게 성장기를 보내는 것이 요즘 대다수 어린 유학생들의 현실이다.

우리는 영어권 국가에서 학습한 경험이 아이의 영어 능력 향상에 절대적으로 도움이 될 것이라고 믿는다. 또 사교육업체의 주장대로 해외 체류 경험을 통해 고등학생이 되기 전에 영어를 마스터하면 입시를 준비하는 과정에서 유리한 조건으로 작용할 것이라는 믿음도 가지고 있다. 이제 이런 믿음을 하나씩 점검하면서 내 아이에게 해외 영어캠프나 조기유학이 정말 필요하고 도움이 되는 것인지 판단해보기로 하자.

해외 영어캠프
기대 효과, 글쎄…

미국에서 캠프는 짧은 기간 동안 특정 분야를 배우는 과정을 말한다. 기간은 2~3일부터 2~3주 내외다. 영어, 수학 등 일반 교과부터 예능, 체육, 특기까지 거의 전분야에서 캠프가 열린다. 대다수의 캠프는 방학 동안, 그것도 여름방학만 있는 미국의 학제상 주로 6월 중순부터 8월 초까지 열린다.

국내 업체들이 주관하는 현지 캠프는 자체적으로 기획하고 운영하는 경우와 현지 프로그램에 참가하면서 생활 관리만 별도로 제공하는 경우로 나눌 수 있다. 전자는 보통 현지에서 채용한 파트타임 교사와 보조교사를 배치하여 오전에는 ESL 과정, 오후에는 특별 활동, 주말에는 견학이나 관광으로 진행된다. 후자는 다른 미국 아이들과 똑같이 캠프에 참가하고, 방과 후에는 방과후학습(after-school), 주말에는 견학이나 관광을 하는 프로그램이다.

과연 현지 캠프로 실제로 영어 실력이 늘까? 캠프의 내용을 들여다보면 그 목적을 이루기가 쉽지 않다는 것을 간파할 수 있다. 개별 활동이 전혀 허락되지 않는 상황에서 아이가 영어로 의사소통할 수 있는 사람은 캠프 내에서 만나는 원어민이 전부다. 특히 국내 업체가 주관하는 캠프에서는 원어민 선생님이 거의 유일하다. 게다가 한국 아이들끼리 반 편성이 되어 생활하다 보면, 캠프 내에서 영어만 사용한다는 규칙이 있어도 자연스럽게 한국어를 쓰게 된다.

한 고등학교 영어 교사의 이야기를 들어보자.

> "교육청에서 주관하는 영어 교사 연수 프로그램에 참여하여 한 달 동안 호주에 다녀왔는데, 방학을 이용해 어학연수 온 초등학생을 많이 볼 수 있었습니다. 아이들은 쉬는 시간이나 점심시간마다 우리나라 아이들끼리 몰려서 수다를 떨기 일쑤였어요. 영어 교사 연수를 담당했던 현지 원어민은 초등학생들을 가르치는 일이 가장 힘들다고 하소연을 했습니다. 아이들이 수업시간에도 같은 나라 아이들끼리 몰려 앉아서 자기 나라 말로 떠든다는 거예요. 우리처럼 선생님들이 엄하게 지도할 수도 없으니 아이들이 제멋대로인 거죠.
> 사실 스스로 영어 공부를 하고 싶어서 온 애들이 얼마나 되겠어요? 부모들이 이런저런 부담을 감수하고 보낸 걸 아는 만큼 먼저 안타까운 마음이 들었지만, 한 켠으로는 아이들이 이해되기도 했습니다."

사실 몇 주 만에 영어 습득의 효과를 기대하는 것은 무리다. 캠프에 참여했을 때 실제로 기대할 수 있는 것은 영어 공부에 대한 동기 부여다. 낯선 곳에서 다양한 체험을 통해 영어의 필요성과 흥미를 느끼게 할 목적이라면 유학보다는 그나마 캠프가 낫다. 하지만 대학생 등 성인과 달리 어린 학생들은 국내 캠프에 비해 고비용인 해외 캠프가 갖는 비교 우위가 영어 학습의 측면에서는 크지 않은 것이 사실이다. 또한 기간이 최소 2~3주 이상으로 짧지 않고, 모든 진행이 획일적으로 이루어지며, 캠프 기간 동안 함께하는 아이들과의 관계 등에 있어 세심한 관심과 돌봄이 부족한 경우가 많기 때문에 동기 부여 효과마저 제대로 얻지 못하는 경우가 대부분이라는 것이 전문가들의 지적이다.

조기유학에 대한 모든 것[*]

"유학 중에 어려움을 겪고 있는 분들과 얘기해보면 공통점을 발견할 수 있습니다. 잘못된 기대와 정보에 의존하고 있다는 것입니다. 유학에 대해서 제대로 알지 못하고 있어 이상적인 면에 너무 의존하고, 남의 성공 스토리에 자신을 대입해놓고 착각하기도 합니다. 여기에 검증되지 않은 주변의 경험담과 유학원이나 어학원의 상담이 촉매제로 작용해서 잘못된 시각을 더욱 키우고, 계속 잘못된 결정을 하게 만듭니다."

---

* 엄태현 유학상담가가 2009년 5월 제3차 영어사교육포럼 '국내외 영어캠프, 조기유학의 현황과 실태' 토론회 때 발표한 내용을 기초로 정리했다.

유학 상담 업무를 담당하는 엄태현 씨의 지적이다. 유학은 다른 사교육과 달리 일정 기간 자녀의 양육을 통째로 맡기게 되는 매우 중요한 결정이다. 아이가 원한다고 해서, 부모가 능력이 된다고 해서 쉽게 결정할 수 있는 일이 아니다. 무엇보다 정확한 정보를 알아야 한다. 유학의 다양한 형태와 그 실제 내용을 알아보자.

스쿨링(schooling)

스쿨링은 사전적 의미로는 정식 학교 교육을 의미하지만, 조기유학에서는 청강생으로 학교 수업에 참여하는 것을 말한다. 스쿨링은 우리의 긴 겨울방학 동안 외국에서 언어 연수를 함으로써 학교 결석 일수는 최소화하면서 유학에 대한 부담을 줄일 수 있는 방안으로 소개된 프로그램이다. 이 프로그램에 참가하면 미국 학생이나 유학생과 똑같이 수업을 듣는다. 하지만 학사 기록과 평가는 하지 않는다. 정식 학생으로 인정받지 않은 채 학교를 다니는 셈이다.

이 경우에는 여행 목적으로 방문하여 그냥 학교에 재학하는 것이기 때문에 당연히 유학 비자를 소지할 필요가 없다. 이러한 불법성 때문에 기록을 일체 남기지 않는 것이며, 나중에 정식으로 유학하기 위해 비자를 발급받을 때 이 사실을 밝히면 안 된다. 국내 학교에서는 해당 일수를 결석으로 처리하며, 학생은 법정 출석 일수를 넘기지 않는 선에서 스쿨링을 마치고 돌아오게 된다.

교환학생(high school J1 program)

조기유학에서 교환학생 프로그램이란 미국 국무부의 허가를 받은 문화 교류 후원 기관과 한국의 대행업체가 손잡고 고등학생을 집중 모집하여 진행하는 것을 말한다. 대부분의 업체가 '미국 국무부'를 강조하여 마치 미국 정부가 보증하는 것처럼 홍보하는데 사실은 그렇지 않다. 미국 국무부는 J비자 신청자가 반드시 제출해야 하는 'DS-2019' 서류 발급 자격만 심사해서 허가할 뿐, 실제 프로그램에 대해서는 어떠한 관여나 보증을 하지 않는다.

학생이 모집되면 미국의 기관은 재학할 학교와 홈스테이 자원봉사자를 모집해서 제공한다. 비자까지 발급되었다 해도 학교와 홈스테이가 제공되지 않으면 프로그램을 진행할 수 없다. 따라서 학생은 기관에서 제공하는 학교와 홈스테이를 배정받을 뿐 지역이나 학교를 선택할 권리는 없다. 대신 학비와 생활비는 부담하지 않는다. 하지만 대부분의 업체는 수수료 명목으로 1,000~2,000만 원의 비용을 부담하도록 하고 있다.

사립학교 교환학생

유학업체들이 사립학교 교환학생이라고 모집하는 것의 99%는 일반 유학을 교환학생이라는 말로 포장한 것이다. 따라서 모든 비용을 학생이 부담하여야 하며, 유학 비자를 신청해야 하고, 학교에서 발급되는 서류 역시 입학허가서라고 부르는 'I-20'을 사용한다. 이처럼 일반 유학인데도 교환학생이라고 하는 이유는 조기유학이라는 단어가 주는 부정적 느낌을 피하고, 저렴한 유학 수단으로 알려져 있는 교환학생의 이미지를 차용하기 위한 것이다.

일반 유학

미국에서 초·중·고생이 유학하기 위해 거치는 절차는 크게 학교 입학과 비자 신청의 두 단계다. 입학 절차는 입학 지원을 하고, 입학허가서(I-20)를 발급받는 것으로 일단락된다. 비자는 학교에서 발급해준 입학허가서와 유학 비자를 신청하는 데 필요한 서류(재학증명서, 성적증명서, 재정 관련 서류 등)를 제출한 뒤 주한 미국대사관에서 영사 인터뷰를 거쳐 발급받는다.

초·중학교는 기숙사를 제공하는 경우가 거의 없으므로 대부분의 학생이 홈스테이나 관리형 유학을 택한다. 홈스테이는 하숙과 같은 개념으로, 일반 가정에서 숙식과 통학에 필요한 교통편을 제공받는 선에서 계약이 이루어지며, 비용은 1,500달러 내외에서 시작한다.

관리형 유학은 기본 생활과 함께 법적 보호자 역할을 확대해서 학업과 학사 업무, 특별활동 등 부모가 담당할 영역까지 다 해결해주며 학비를 제외하고 매월 4,000~6,000달러 정도의 비용을 내야 한다.

홈스테이와 관리형 유학

홈스테이는 호스트(주인)의 역량에 따라 차이가 크다. 호스트는 교포가 많고, 현지인도 있다. 교포들은 생계 수단으로 하는 경우가 많고, 현지인들 가운데는 자원 봉사로 생각하는 가정도 있다.

훌륭한 호스트를 만나면 더 바랄 게 없겠지만, 호스트 가정의 생활 방식을 따라야 하기 때문에 겪는 어려움도 많다. 특히 중·고교생들은 스포츠팀 참여, 봉사 활동 등을 해야 하는데, 호스트의 일정에 맞추다 보면 매 일정마다 한두 시간씩 기다리거나 아예 활동 자체를 포기해야 하는 일도 생긴다. 또한 생활 방식이나 의사소통이 원활하지 못해서 호스트 가정을 바꾸는 경우도 많고, 이런 일이 두세 차례 반복되면서 유학 자체를 포기하는 일도 있다.

이 같은 홈스테이의 단점을 보완하고, 부모가 함께 올 수 없는 현실을 극복하는 방안으로 나온 것이 관리형 유학이다. 관리형 유학은 처음 유학을 하는 학생들의 시행착오를 줄이고 안전을 보장한다는 장점이 있다. 하지만 상담 내용과 실제가 다르거나, 기숙 학원식의 획일적 운영과 부실한 내용 때문에 불만이 제기되는 경우도 많다.

보딩스쿨(boarding school)

학교 내에 기숙사를 갖추고 숙식을 제공하는 학교다. 보딩스쿨은 입학하는 데 특별한 어려움이 없는 보통 학교와 최상위권 성적과 비싼 학비, 까다로운 조건을 요구하는 명문 학교로 나눌 수 있다. 이른바 리스트(list) 또는 랭킹(ranking)에 드는 학교로 알려진 명문 보딩스쿨은 언론 매체를 통해 국내에도 많이 소개되었다.

진학 성과와 비교적 안전한 생활환경에 대한 기대 때문에 보딩스쿨을 선호하는 사람이 많다. 그러나 문제는 주로 기숙사에서 발생한다. 음주, 마약 등은 비교적 평범한 비행에 속한다. 또 기숙사 정원의 70~80%를 차지할 정도로 수십 명의 한국 유학생이 같이 생활하는 것도 유학의 본래 의미가 상실된 학업 환경이라고 할 수 있다.

부모 동반 유학

부모 가운데 주로 엄마가 동반하는 조기유학은 비용을 절약하는 효과가 있다. 유학생들이 사립학교에 지불하는 연간 학비는 1~3만 달러이고, 여기에 생활비와 기타 비용 2~3만 달러가 추가된다. 그런데 엄마가 동반하면 생활비를 크게 절약할 수 있고, 엄마가 유학생 신분이면 아이를 공립학교에 보내 학비를 절약할 수도 있다. 그런데 이러한 엄마 유학이 과열되는 모습을 보이자 2007년부터 미국 대사관에서 아이를 동반한 엄마 유학에 대해 비자를 거절하는 일이 많아졌다.

생각만큼 영어가 늘지 않을 수 있다

"제가 귀국한 뒤 한국 생활을 하면서 느낀 것은, 영어를 진정 원한다면 지금과 같이 많은 돈을 들이거나 조기유학을 하지 않고도 습득이 가능하다는 생각입니다. 영어교육에 투자하는 돈과 열정 그리고 아이들의 행복을 저당잡힌 시간을 계산한다면, 우리는 손해 보는 투자를 하는 셈이죠."

두 아이와 함께 캐나다에서 생활한 경험이 있는 이종현 씨의 말이다. 실제로 조기유학을 다녀온 뒤 생각만큼 늘지 않은 아이의 영어 때문에 답답함을 호소하는 이들이 많다. 우리는 아이가 유학을 다녀오면 영어 실력이 상당한 수준에 이를 것이라고 기대하지만 이런 기대는 현실에서 쉽게 배반당한다.

2008년 EBS가 방영한 「조기유학 리포트」에 나온 전 뉴욕시 교육위원인 송순호 씨의 말을 들어보자.

"우리 아이들의 평균 영어 수준이 현지 학생들보다 4년 정도 뒤지기 때문에, 공립학교나 사립학교에 가서 회화학원을 다닌 것 정도의 효과를 얻어오는 것이 대부분입니다."

마치 국내에서 영어 회화학원을 다닌 것처럼 듣기와 말하기 능력은 어느 정도 높아지지만, 전반적으로 부모가 기대하는 만큼 실력이 향상되지는 않는다는 이야기다. 귀국 후에 받는 스트레스도 매우 높다. 1~2년 동안 영어권 국가에서 유학하고 왔다고 하면 주변에서 높은 잣대를 적용하기 때문이다.

유학을 가서도 스스로 노력하지 않으면 듣기, 말하기 실력조차 늘지 않는다. 현지에는 초등 6학년 때, 중 1학년 때 이민을 가서도 고등학교 때까지 계속 ESL 과정을 이수하는 아이들이 많다. 미국에서도 인터넷을 통해 한국 매체들을 즐길 수 있기 때문에 스스로 노력하지 않으면 영어에 노출되기 힘들다. 또 유학생들끼리 어울릴 때가 많아서 영어를 거의 사용하지 않는 경우도 있다. 요즘은 웬만한 은행의 현금 인출기조차 한국어를 지원하기 때문에 용돈을 찾아 쓸 때도 영어 실력이 필요하지 않을 정도다.

특히 인터넷과 메신저가 큰 문제다. 유학을 보낸 부모는 방과 후 일상에서도 아이가 영어의 바다에 빠져서 지낼 것이라 기대하지만, 실제로는 컴퓨터 앞에서 인터넷과 메신저에 열중하는 경우가 훨씬 많다. 인터넷의 영향력은 생각보다 넓고 깊다. 초등학생부터 고등학생까지, 유학 초기부터 마지막 순간까지 틈만 나면 노트북과 함께 시간을 보낸다.

밤을 꼬박 새고 나서 아침에 아프다는 핑계로 등교하지 않는 일도 잦다. 게임부터 채팅, 영화, 텔레비전 등 콘텐츠를 이용하고 감상하는 데 아무런 제한이 없으므로 깊이 빠져들기 쉽다. 특히 유학 초기에는 친구 관계나 개인 생활이 전무한 상황이기 때문에 더 쉽게 인터넷에 의존하게 된다. 이는 동기 부여가 제대로 되지 않은 채 부모에게 등 떠밀려 유학을 온 어린 학생들에게서 흔히 나타나는 현상이다.

또 열심히 생활하고 공부한다 해도 영어 실력이 느는 데는 한계가 있다. 전예화 선생은 《유아교육연구》 23호에 실린 〈영어교육 어릴수록 효

영어캠프와 조기유학의 실태를 알아보기 위해 주최한 토론회. 실제로 관리형 유학 관련 경험이 있는 엄태현 씨의 증언이 이날 큰 반향을 일으켰다.

과적인가?〉라는 글에서 조기유학생의 언어적 접근에 관해 이야기한다.

이 연구에 따르면, 대체로 조기유학이 학생들의 말하기와 듣기 능력을 향상시키는 것은 틀림없다. 물론 일찍 갈수록 발음도 좋아진다. 그러나 읽기나 쓰기, 독해력과 작문 실력 등은 아이의 한국어 실력과 지적 역량에 따라 달라진다. 우리말 독서를 많이 해서 어휘력과 독해력, 교양 지식이 풍부한 아이와 그렇지 않은 아이의 차이가 매우 큰 것이다.

그밖의 많은 연구 자료도 "우리나라에서 공부를 잘한 학생이 외국에서도 잘한다"는 결과를 내놓고 있다. 유학상담가 엄태현 씨도 같은 이야기를 들려준다.

> "평소 학습 태도와 생활 습관이 잘 형성되어 있고, 부모님과 관계가 원만한 아이들이 유학 와서도 잘 적응하고 좋은 성과

를 냅니다. 국내에서 잘하는 아이가 외국에 가서도 잘한다는 말이에요. 그리고 한국의 시험 위주 평가 탓에 성과가 부진했지만 기본적으로 성실한 아이들이 좋은 결과를 보입니다. 자녀가 혼자 있어도 자기 관리가 되고, 부모와 막힘 없는 의사소통이 가능한지 따져보세요. 만약 그렇지 못하다면 유학을 미루거나 보내지 말아야 합니다."

귀국 후 성적 떨어지는 것 감수해야

"귀국한 뒤에는 아이가 학교생활에 적응하는 것이 가장 중요한 일이었어요. 큰아이를 테스트하던 교사는 초등 3학년 아이가 구구단도 못 외고 한국말 발음이 어눌한 것에 대해 전혀 이해하지 못했어요. 아이 앞에서 대놓고 '얘는 왜 발음이 이 모양이에요?' 하고 물었죠. 책은 한국 책만 읽어주고, 영어로 이야기할 때 한국말로 바꿔가면서 했는데도 그 모양이니 어쩌란 말인지……."

아이를 조기유학시켰던 한 학부모의 경험담이다. 실제로 초·중학교 시절에 단기유학을 다녀온 아이들에게는 공통적으로 귀국 후 국내 학교에 대한 적응 문제가 남는다. 이 과정에서 자신감이 꺾이는 아이들이 많은데, 가장 중요한 요인은 학업 부진이다.

2005년 한국교육개발원의 연구 결과에 따르면 조기유학생 대부분이 귀국 후 학업 자신감이 떨어지는 것으로 나타났다. 도표에서 유학 전보다 유학 기간 동안 자신감이 증가한 것은 영어 실력이 다소 늘어난 데 기인한 효과다. 그러다가 귀국 후 자신감이 대폭 줄어든다. 영어 외 모든 교과에서 지식 결손이 늘어났고, 학업 성적에서 다른 아이들을 따라가지 못하는 일이 벌어지기 때문이다.

조기유학만을 목적으로 자녀와 동반하여 해외에 다녀온 학부모들을 집중 인터뷰한 최진숙 선생의 연구 〈초등 단계에서 영어 조기유학을 하고 귀국한 학생들의 학부모〉(대한언어학회, 2007)를 보면 더욱 구체적인 상황을 알 수 있다. 이 아이들은 외국에 가서도 국내로 돌아올 것에 대비해 수학과 국어 등 사교육을 별도로 받았다. 그런데 초등학교 때 귀국

"조기유학생들, 귀국 후 학업 자신감 떨어져요"
— 고2 상위권 학생들의 수학 성적 비교도

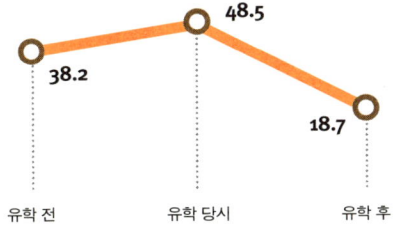

※ 출처 : 한국교육개발원 연구, 2005

한 학생들은 한국 학교에 비교적 쉽게 적응하였지만, 초등학생 때 가서 중학교까지 다니다 온 학생들은 모두 적응에 실패했다. 특히 수학과 국어 때문에 상당히 애를 먹었으며, 영어 역시 문법과 독해 위주의 평가에서 성적이 잘 나오지 않아 부모들이 상당한 스트레스를 받고 있었다.

실제로 이 연구에 참여한 한 학부모는 "우리 아이는 한국으로 돌아온 지 4년이 지났지만 아직도 한국어 어휘에 미숙해요. 한창 우리말을 배울 나이에 유학을 간 것이 문제였죠"라고 털어놓았다.

입시에서 큰 비중을 차지하는 수학도 아이들에게 고통을 주지만, 더욱 심각한 문제는 국어다. 국어 능력은 모든 교과목 학습의 기초가 되기 때문이다. 국어는 초등 시절에 습득하도록 교과 과정이 만들어져 있다. 그리고 이때 형성된 어휘력, 이해력, 쓰기 능력 등은 고등학교 때까지 전 과목 학습에 영향을 미친다.

그런데 유학을 다녀온 아이들은 최소 2~3년이 지나야 한국어 쓰기에서 다른 아이들을 어느 정도 따라갈 수 있다고 한다. 조기유학을 통해 영어 듣기, 말하기는 어느 정도 늘었지만, 핵심 학습 능력인 국어에서 발목을 잡히고 마는 것이다.

관리형 단기유학 프로그램을 보면 하루 일과표에 수학 과외와 같은 사교육 시간이 들어가 있다. 그런데 유학 프로그램을 운영하는 업체의 선전과 달리 현지에서 국내 교과 과정까지 대비하는 것은 현실적으로 불가능하며, 이 지점에서 소비자의 불만이 가장 많이 나온다고 한다.

업계 관계자들의 말에 따르면, 아이들이 학교를 다녀와서 숙제하고 별도의 사교육까지 받는 것은 마치 영어를 중심으로 24시간 운영되는 학원에 다니는 것과 같은데, 이 부분을 약속한다는 것 자체가 애초부터 넌센스라고 한다. 모든 수업과 과제가 100% 영어로 이루어지는 환경에 아이들이 적응하고, 스스로 학교 과제를 할 수 있는 수준이 되는 데만도 6개월에서 1년 정도가 걸린다. 이런 상황에서 한국에서 하던 선행학습 위주의 수학 공부와 국어의 필독서를 챙긴다는 것은 거의 불가능하다. 이런 이유로 초등학생 때 단기 조기유학을 다녀온 많은 아이들이 귀국 후 학교 생활에 적응하기 어려워한다. 그리고 일정한 시간이 지나도 회복되지 않을 때, 그 해법으로 일부는 한국 생활을 포기하고 다시 미국으로 돌아가는 선택을 하기도 한다. 그리고 다시는 돌아오지 못한 채 한 해 수천만 원씩 비용을 지출하며 그곳에서 대학 생활까지 하게 된다. 초등학생 때 영어를 위해 잠시 떠나보낸다 생각했던 단기 유학 길이 자칫 아이와 오랫동안 이별하는 시간이 될 줄이야.

기러기 가족의 문제들**

이렇듯 조기유학은 많은 어려움을 감수하는 선택이다. 이중 언어를 사용하면서 한국어가 점차 도태되는 바

** 김선미 광주대학교 가정복지 전공 교수가 2009년 5월 제3차 영어사교육포럼 '국내외 영어캠프, 조기유학의 현황과 실태' 토론회 때 발표한 내용을 기초로 정리했다.

람에 오히려 영어 실력이 늘지 않아 고민하는 사례도 있고, 기본적인 대화는 어느 정도 되지만 작문이나 고급 언어 사용에 한계가 있어서 답답해하기도 한다. 조기유학생들이 대부분 한인 공동체를 배경으로 생활하면서 미국 사회 주류가 가진 언어와 문화를 거의 경험하지 못한 채 주변부를 맴도는 것도 문제로 지적되고 있다.

초등학생들의 조기유학과 관련해서 꼭 짚어야 할 것이 이른바 '기러기 가정'의 문제다. 14명의 기러기 엄마를 심층 면접하여 조기유학생과 가족의 현실을 연구한 광주대학교 가정복지 전공의 김선미 교수는 논문에서 이 문제를 생생하게 다루고 있다.

오로지 아이의 교육을 위해 가족이 멀리 떨어져 산다는 특수한 상황에서 비롯되는 부부, 가족 사이의 문제는 여기서 접어두고, "어차피 내일 못할 바에는 전업주부로서 아이들에게 올인 하자. 아이 교육을 위해 희생하고 헌신하자"는 마음으로 외국행을 선택한 기러기 엄마들이 현지에서 실제로 어떤 삶을 살고 있는지에 초점을 맞추어 살펴보겠다.

> "많은 기러기 엄마들이 자녀 교육 때문에 미국에 온 것을 후회해요. 친구가 자기처럼 미국에 온다고 하면 적극적으로 말리겠다고 하더군요. 사실 유학 정보에는 현지에 와서 체험해야만 알 수 있는 핵심 내용은 대부분 빠져 있어요. 또 조기유학에 성공한 사례보다 실패한 사례가 훨씬 더 많다는 사실도 알려주지 않고요."

김선미 교수의 말이다. 이 연구에서 기러기 엄마들이 묘사한 일상생활을 보면 주로 자녀 등교 준비, 방과 후 활동 또는 사교육 활동 보조, 시장 보기와 청소, 설거지를 하는 데 시간을 쓴다. 그 가운데 대중교통이 미약한 미국에서 자녀들을 차에 태워 나르는 것이 힘든 일에 속한다.

자녀의 공립학교 입학을 정당화하고 자신의 합법적 체류를 위해 학생 신분을 유지해야 하는 엄마들은 매일같이 어학원에 다녀야 하는 것도 가장 중요한 일과에 해당한다. 그렇지만 신분 유지가 주요 목적이기 때문에 열심히 영어를 공부하기가 어렵다는 것이 중론이다. 학습 동기도 약한데다가 반에는 교사를 제외하고는 미국인이 없다. 한국의 기러기 엄마들에게 인기가 높은 도시에서는 어학원의 수강생 대부분이 기러기 엄마들이라고 한다.

조기유학을 떠나 미국으로 간 기러기 엄마들을 만나 실상을 연구한 김선미 광주대학교 교수. 그가 들려주는 기러기 엄마들의 어두운 뒷이야기는 충격적이다.

자녀를 돌보기 위해 주기적으로 반복되는 일상적 가사 노동의 내용은 한국에서와 대동소이하지만, 신분 유지를 위한 추가적인 부담이 무거울 뿐 아니라 또 활용할 수 있는 자원은 훨씬 제한적이고 열등하다.

현지 한국인들과 좋은 관계를 형성할 수 있다면 이 같은 어려움을 줄일 수 있을 것이다. 그러나 한인 교포들은 대체로 기러기 엄마에 대해 반감을 가지고 있다. "왜 오시려고 그래요? 한국이 그래서 망합니다."

한인 교포들은 기러기 엄마들을 먹고 살기 위해 이민 온 교포나 가난한 유학생에게 위화감을 주는 사람들, 주는 것은 없이 '단물만 빨아 먹고 가버릴 사람들'로 인식한다.

실제로 인근 대학의 한인학생회 홈페이지에 글을 올려 도움을 청했던 한 엄마는 "감히 어디다 도움을 청하냐?"는 싸늘한 답을 들어야 했다. 또 기러기 엄마들을 부부관계에 문제가 있거나, 자녀 교육에 미친 사람이라고 생각하는 한인도 많다. 심한 경우에는 한인 남자들과 외도를 할 수도 있다고 생각한다.

이처럼 한인 교포나 유학생들과 기러기 엄마들 사이에는 소통이 곤란하다. 오히려 반목과 질시가 보편적이어서 기러기 엄마로서는 잠재적 자원을 처음부터 상실하는 셈이다. 같은 처지인 기러기 엄마들 사이에도 공감이나 사귐은 많지 않다. 심지어 "기러기 엄마인데, 자녀 교육은 뒷전이고 주말에 골프 치고 술 먹는다더라"면서 서로를 비방하는 사례도 있다.

기러기 엄마들은 대체로 미국인을 사귀어야 영어가 늘고 미국 문화를 체험할 수 있다고 생각한다. 그래서 한국인이 없는 곳까지 멀리 가서 아이의 방과 후 활동을 시키는 등 최대한 미국인들과 많이 접촉하려고 노력한다. 그러나 아이든 엄마든 학교 밖에서 만나는 미국인은 가정교사가 전부인 경우가 많다. "튜터(tutor, 가정교사) 아니었으면 제가 한국에 있는지 미국에 있는지 모를 뻔했다니까요."

이처럼 기러기 엄마들은 언어 장벽으로 인해 미국인과 그들의 주류 문화를 접할 기회를 차단당하고, 또 그것 때문에 언어 문제가 해소되지 않는 악순환을 겪는다. 미국 언어와 문화를 습득하기 위해 한국인을 피하고 한국 문화를 차단하려 하지만 대부분 실패로 끝난다. 자신이 가지지 못한 언어와 문화 역량 때문에 결국 한국인에게 의존하여 일상적 필요를 해결하게 되는 것이다. 한국 식품을 파는 한국 시장에 가고, 한국인이 하는 보험을 계약하고, 한국인에게 자동차 수리를 맡기는 것이 그 예다.

또 영어를 잘하는 엄마라 하더라도 미국인과 좋은 관계를 맺는 것은 쉽지 않다. "미국 사람들은 부부가 따로 떨어져 살면서도 가족관계를 유지할 수 있다는 것을 이해하지 못하기" 때문이다. 더구나 언제 떠날지 모르는 자녀 교육에 올인 하는 엄마와 그 가족을 사귈 사람은 찾기 어렵다.

미국의 학교 교육은 어디까지나 자국민을 위한 것이다. 특히 이민도 아닌 일시적인 유학생을 위한 배려는 기대하기 어렵다. 미국인과의 상호 작용 방식에 익숙하지 않을뿐더러 언어 장벽이 높아서 교사와의 면담을 회피하거나, 꼭 필요한 경우에는 자녀가 중계해야 하는 것이 기러기 엄마들의 일상적 체험이다. 더욱이 학부모회에 참가하여 발언하는 일은 상상할 수 없기 때문에, 아이가 성적이 월등하더라도 정서적으로는 학교생활에서 주변화되는 결과를 가져올 수 있다.

아이 교육에 적극적으로 나서겠다는 기러기 엄마의 결심도 시간이 지날수록 무력해진다. 미국에서 교육을 받아보지 못한 기러기 엄마는 점점 자녀에게 해줄 수 있는 일이 없다는 걸 실감하게 된다. 기러기 엄마에게는 밥해주기와 차로 데려다주기만 남고, 극단적인 경우에 이사하는 것 말고는 아이를 통제할 다른 수단은 없다.

　미국에서 영어교육으로 석사학위를 받은 한 학부모도 자신이 그곳에서 중·고교를 다닌 경험이 없기 때문에 중·고교에 들어간 자녀들의 숙제를 전혀 도울 수 없었다고 한다. 또한 아이가 미국의 좋지 않은 문화에 물들지 않게 막겠다는 생각도 시간이 갈수록 사실상 불가능해지고 만다. 개인화되는 아이의 생활을 일일이 감시하는 것이 불가능하기도 하고, 아이도 그런 간섭을 거부하기 때문이다.

　자녀 교육을 위해 또는 다른 가족 문제를 벗어나기 위해 기러기 가족 생활을 선택한 중산층 전업주부들은 많은 시행착오를 겪고 있다. 미국인을 사귀거나 미국 문화에 동화되기도 어렵고, 한국인 사이의 유대감도 약하고, 자녀 교육의 주도권도 쥐지 못한 채 주변인의 삶을 사는 경우가 대부분이다.

　특히 남자아이를 키우는 엄마들은 사춘기 아이의 거센 반항을 남편 없이 혼자 감당하기가 너무 힘들다고 한다. 또한 부부 사이 왕래가 줄어 서운함이 쌓이고 일상생활에 대한 공유 부분이 없다 보니 영원히 이별하고 마는 일도 종종 생기고 있다.

　그럼 이들이 그냥 한국에서 자녀를 교육시키는 편이 나았을까? 아직은 많은 기러기 가정이 실험을 계속하는 중이기 때문에 답을 내기란 쉽지 않다. 그러나 조기유학, 자녀 동반 유학이 적잖은 위험을 감수하는 선택인 것만은 분명하다. 여기서 현명한 선택을 하는 것은 결국 우리 자신의 몫이다.

 그럼 어떻게 하죠?

하나. 성인과 달리 초등학생들은 해외 영어캠프를 통해 얻는 이점이 생각만큼 크지 않습니다. 어린 학생들이기 때문에 정해진 프로그램 외에는 자유롭게 영어를 접하고 경험할 수 있는 시간이 주어지지 않고, 동기 부여가 되어 있지 않은 상태에서는 일상생활은 물론 수업시간에도 우리나라 학생들끼리만 어울리는 경우가 많습니다.

최근에는 학교나 영어마을 등에서 질 좋은 프로그램이 진행되고 있습니다. 저렴한 국내 캠프를 잘 선택하는 편이 경제적 부담도 적고, 부모와 자녀가 갖는 심리적 부담도 적기 때문에 오히려 좋은 점이 많습니다.

둘. 해외 영어캠프에 자녀를 보내겠다면 프로그램을 잘 살피세요. 강도 높은 영어 학습과 영어 외 다른 과목의 학습까지 책임진다는 캠프는 피해야 합니다. 다른 나라를 경험하고 현지에서 영어를 활용해볼 수 있는 흥미와 체험 위주의 캠프를 선택하는 것이 좋습니다.

셋. 초·중학생 자녀를 조기에 유학 보내는 것은 현명한 일이 아닙니다. 얻는 것보다 잃는 것이 더 많아 위험 부담이 큰 선택이에요. 유학은 부모로부터 독립이 가능한 고교 이후로 미루는 것이 좋습니다. 조기유학의 많은 사례들을 보면, 결과적으로 영어는 늘지만 원어민 수준에는 미치지 못하기 때문에 영어권 국가에서 자리를 잡는 것도 어렵고, 귀국을 한다 해도 영어 외 과목에서 오히려 뒤처지는 경우가 많기 때문에 좋은 대학에 진학하거나 직장을 얻는 일이 쉽지 않습니다.

넷. 무엇보다 요즘 유행하는 초등 고학년의 1~2년 단기 관리형 유학은 실효가 적습니다. 영어 듣기, 말하기 실력이 늘기는 하지만 독해력, 작문 실력 등은 장담하기 어렵죠. 무엇보다 귀국 후 수학, 국어 등 다른 과목 성적이 곤두박질치는 것이 문제입니다. 이 과정에서 아이들의 학업 자신감이 꺾입니다.

다섯. 많은 기러기 엄마들이 아이 공부 때문에 외국에 온 것을 후회하고 있어요. 가족관계에 어려움이 생기는 것뿐 아니라 현지 한인들의 반감, 미국인들의 홀대, 아이의 숙제조차 돕기 어려운 현실 때문에 고달픔과 외로움을 호소하죠. 이런 희생까지 감수하며 조기유학을 하는 것보다는 한국에서 착실히 공부하도록 도와주는 편이 훨씬 낫지 않을까요?

여섯. 고비용, 저효율인데다 얻는 것보다 잃는 것이 많을 수 있는 해외 영어캠프나 조기유학 대신 주말이나 방학을 이용하여 학교 방과후학교와 캠프, 영어마을, 지자체가 운영하는 영어도서관 등 주변에 있는 자원을 활용하는 방법을 찾아보세요. 영어 동화도 좋고, EBSe와 같은 온라인 영어 학습 사이트도 좋습니다. 적은 시간일지라도 꾸준히 영어를 접하는 것이 중요합니다. 또 방학이나 주말을 활용하여 원어민과 함께하는 국내의 다양한 프로그램을 이용하는 것이 비용면에서뿐 아니라 영어교육 효과의 측면에서도 오히려 더 낫습니다.

우리집이 달라졌어요
한국에서 어떻게
애들을 공부시키려고 그래?

백선숙 (대학 강사, 서울 중랑구)

"엄마, 기쁜 소식 하나 있어요. 저, 이번 사회 시험은 정말 잘 봤어요. 75점이나 받았어요!"

큰아이는 매일 하루에 한 번씩 전화를 걸어 학교에서 있었던 이런저런 일과를 털어놓습니다. 오늘은 여느 때보다 훨씬 즐겁고 행복하게 느껴지는 목소리입니다. 옆에서 지켜보던 직장동료들은 한껏 들떠서 기뻐하는 제 모습만 보고 우리 애가 전교 1등이라도 한 줄 알았다며 웃어댔습니다. 75점에도 온 가족이 행복하는 데는 그럴 만한 이유가 있습니다.

지난해 10월, 3년 반 넘는 미국에서의 직장 연수 과정을 마치고 귀국을 준비할 때 주변의 많은 친구들이 똑같은 말을 했습니다.

"한국에서 어떻게 애들을 공부시키려고 그래? 그냥 미국에 살아. 다들 교육 때문에 이민 못 가서 난리인데."

그들에게 한국은 교육에 관한 한 아이와 부모 모두에게 지옥 같은 곳, 무서운 고국, 그래서 돌아오고 싶어도 못 오는 곳이 돼버린 지 오래였습니다. 실제로 불과 3년 반 만에 돌아와 확인한 한국의 교육 현실은 심각해 보였습니다.

가까이 살던 대학 동창이 조금 똑똑하다 싶은 초등 6학년 큰아이 때문에 대치동으로 이사를 갔습니다. 나중에 만난 자리에서 하는 말이 "얘, 대치동으로 오길 정말 잘했어. 그동안 너무 무지하게 애들을 키웠던 것 같아. 너도 잘 생각해봐. 기왕 올 거면 서두르는 게 좋아. 나만 해도 좀 늦었어"였어요.

한 후배는 우리말도 제대로 못 하는 세 살짜리 딸을 월 100만 원도 더 드는 영어유치원에 보내는 것도 모자라 "언니, 여기서 배우는 영어로는 한계가 있는 것 같아. 내년쯤엔 미국에 있는 친척집으로 보내서 제대로 영어를 배우게 해야 할까 봐"라고 말하더군요.

귀국한 뒤로 교육과 관련해서 듣는 이야기가 온통 이렇다 보니, 속이 타도록 손주들을 그리워하셨던 할아버지, 할머니의 품에 안겨 벅찬 기쁨과 행복감에 겨워하는 천진한 열 살, 여섯 살 두 아이들을 뒤로한 채 우리 부부는 어느새 한국행을 후회하고 또 자책하고 있었습니다.

겨울이 길면 봄은 멀지 않다고 했던가요. 외롭고 힘들었던 시간 끝에 우연히 사교육걱정없는세상을 알게 됐고, '등대지기학교'를 들었습니다. 이 땅의 올바른 교육을 걱정하고 우리 아이들이 살게 될 행복한 내일을 꿈꾸는 사람들의 실체를 그곳에서 확인하며 벅찬 감동과 위로의 눈물을 흘렸습니다.

큰아이는 과학에 흥미가 많고 대신 사회 과목을 어려워합니다. 아이가 오늘 75점에 그토록 기뻐한 건 점수 때문만은 아닙니다. 그동안 혼자서 모르는 용어도 정리하고, 반복해서 교과서도 읽고 했던 성과, 그 성취감에 기뻐했던 것입니다. 점수로만 본다면 부족하기 이를 데 없지만, 이제 여유롭게 지켜볼 수 있게 되었습니다. 아이에게 아직 무궁무진한 호기심과 지적 욕구가 있다는 걸 발견했기 때문입니다.

둘째는 아직 한글도 잘 모르지만 그림 그리는 걸 매우 좋아합니다. 가끔 깜짝 놀랄 만큼 창의적인 그림을 그려내는 걸 보며 "아이들은 자유롭게 뛰놀면서 배운다"는 '등대지기학교'의 교훈을 떠올립니다. 오늘은 빨리 귀가해서 아이들과 함께 저녁시간을 보내야겠습니다. 한국에서도 충분히 행복한 우리 가족의 저녁 풍경입니다.

9

외국어고에 가려면 학원의 로드맵을 무시할 수 없잖아요?

" 솔직히 말해서 자기 아이를 외고에 보내고 싶지 않은 부모가 어디 있겠어요? 그건 모든 부모들의 꿈이에요. 왜냐고요? 명문대 진학률이 말해주잖아요? 좋은 대학에 가려면 외고를 생각하지 않을 수 없는 게 우리 현실이에요. 그런데 학원에서는 외고에 진학하려면 중3이 되기 전에 영어를 수능에서 쉽게 만점 받을 수 있는 수준으로 마스터하는 것이 필요하다고 해요. 그러면 중3이 되었을 때 외고 입시를 집중적으로 준비할 수 있고, 고교 진학 이후에는 수학 등 다른 과목에 집중할 수 있기 때문에 내신과 수능 준비 등 대입을 위한 경쟁에서도 우위를 확보할 수 있다는 거죠. "

최근 외국어고를 비롯한 특목고 입시가 개선되고 자율고가 신설되는 등 고교 체제에 변화가 생기면서 상황이 좀 복잡해지기는 했지만, 외고에 대한 학부모의 선호는 이들 학교에 진학하기 위한 치열한 입시 경쟁을 유발해왔다.

"외고에 가야만 좋은 대학에 갈 수 있다."

"초등 저학년부터 대비하지 않으면 외고는 꿈도 못 꾼다."

이런 이야기가 상식으로 통하고, 점점 더 낮은 연령대의 아이들에게까지 과도한 학업 부담이 주어지고 있다.

이처럼 과열된 경쟁 속에서 이른바 '외고 등 특목고 진학을 위한 영어 로드맵'이 사교육 과열 지구를 중심으로 회자되면서 큰 영향력을 발휘해왔다. 그 구체적인 내용은 유아나 초등 저학년 때부터 기초 영어 능력을 튼튼히 하고, 고학년 단계부터는 학습 강도를 높여 더욱 수준 높은 영어 실력을 쌓아가면서, 고교 입시는 물론 이후 대학 입시에서도 유리하게 작용하는 토플(TOEFL), 텝스(TEPS) 등 공인 영어 인증시험에서 고득점을 얻기 위한 준비를 병행하는 것으로 요약된다. 사교육업체는 이 로드맵에 따라 프로그램을 짜고 적극적인 마케팅을 펼쳤다. 그 결과 사교육업체의 매출은 급신장했고, 부모와 학생들의 부담은 급증했다.

한 예로, 서로 가까이 접해 있는 서울 영등포구와 양천구 목동 지역의 교육 과열은 큰 차이를 보인다. 그 원인은 한 가지, 목동에 거주하는 아이들 가운데 외고를 비롯한 특목고 지망생이 많다는 것이다. 실제로 목동 지역의 학부모들은 "특목고에 못 가면 목동에 온 보람이 없다"고 말할 정도여서, 초등 저학년 때부터 각종 학원은 물론이고 공인 영어 인증 시험, 방학 중 해외 연수로 쉴 틈 없이 아이들을 돌려댄다.

아이들의 생활은 어떨까? 목동 지역 초등학생들의 일기에는 "학원 보충에 걸려서 밤 12시까지 공부했다. 여기에 빠지면 학원에서 쫓겨난다"는 글귀가 심심찮게 보인다. 이 아이들은 종종 학원 숙제를 하느라 학교 숙제는 건성으로 해가고, 초등 3, 4학년짜리가 선생님에게 이 숙제가 수행평가에 들어가느냐고 묻는다.

학부모들이 '내 아이가 과연 특목고 입시 경쟁에서 이길 수 있을까?' '과연 명문대에 입학할 수 있을까?'를 고민하는 동안, 아이들은 그 나이에 감당하기에는 너무 벅찬 스트레스를 받으며 살고 있다.

분당 서울대병원 신경정신과 유희정 교수팀이 2008년 10월, 사교육 특구로 불리는 강남, 분당, 목동, 중계 등 4개 지역의 중1~고3 학생 1,216명을 대상으로 '청소년 건강 실태 조사'를 실시했다. 2007년 질병관리본부가 전국의 청소년을 대상으로 조사한 스트레스 지수에서는 중학생의 43.4%, 고등학생의 49.9%가 스트레스를 많이 느낀다고 답한 반면, 위의 조사에서는 중학생의 52.4%, 고등학생의 48.7%가 자신이 받는 스트레스가 심각하다고 응답했다.

대입 준비로 인한 학업 부담 때문에 고등학생의 스트레스 지수가 중학생에 비해 높게 나타날 것이라는 상식을 뒤집는 결과였다. 그만큼 특목고 입시를 위한 경쟁이 중학생들에게 강한 정신적 압박을 주고 있었던 것이다.

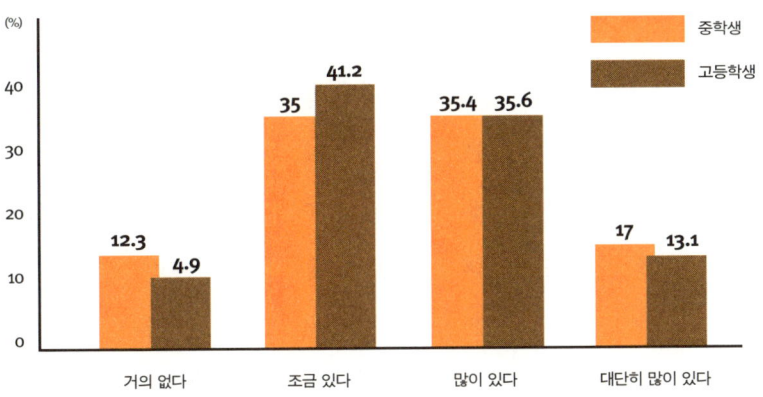

특목고 로드맵, 힘을 잃다

　　　　　　　　　이 같은 현실을 초래한 주범이 바로 '특목고 로드맵'이며, 여기서 가장 중요한 비중을 차지하는 것이 바로 영어다. 이 로드맵은 사교육업체들이 특목고 입시를 빌미로 자신의 이익을 추구하려 만들어낸 도구지만, 어느 정도 특목고 입시의 현실을 반영한 것이다. 예를 들어, 그동안 외고 입시에서 직접적으로 당락을 결정하는 요인은 영어 듣기평가였다. 그런데 이 시험 문제는 수능시험의 영어 듣기를 훨씬 능가하는 수준으로 출제되어서, 정상적인 중학교 교육 과정으로는 대비하기 어려웠다. 학원은 이를 이용하여 토플, 텝스에 나 등장하는 고난이도 듣기 문제를 대비하는 프로그램을 운영하였던 것이다. 그리고 여기에 더하여, 이후 대학 입시와 나아가 글로벌 리더로서의 꿈을 키우기 위해서는 고급 영어 능력을 갖추는 것이 중요하기 때문에 iBT 토플 등으로 대표되는 공인 영어 인증시험에서 고득점을 받는 것이 필요하다고 학부모들을 설득했다. 자녀가 중3이 되기 전에 영어를 끝내놓으면, 이후에 펼쳐지는 치열한 경쟁에서 자녀가 유리한 위치를 점할 수 있다는 것이다.

그러나 이 같은 근거들에도 불구하고 사교육업체의 로드맵은 지나치게 부풀려져 있으며, 내용도 교육적으로 매우 바람직하지 않다. 예를 들어 특목고 대비 학원에 다니는 초·중학생들의 학습 내용에는 iBT 토플 105점 이상, 텝스 830점 이상 등이 포함되어 있다. 하지만 새 입시안이 적용되지 않은 2010학년도의 서울, 경기 지역 외국어고 입시 전형안에도 이러한 시험들의 성적은 반영되지 않았다.

많은 영어교육 전문가들은 초·중학생의 영어 실력을 가늠하는 기준으로 토플과 같은 시험 성적이 중시되는 경향에 대해 우려를 표했다. 온라인 사교육 업체의 외국어 영역 대표 강사로 손꼽히는 한 강사는 우리 단체와 가진 간담회에서, 학생들이 시험을 위해 '최적화'되는 듯한 느낌을 받는다면서 시험 위주 영어 학습 방식의 문제점을 강도 높게 지적했다. 토플 등의 시험에 나오는 지문은 어린 학생들의 지적 수준을 뛰어넘기 때문에, 물어보면 우리말로도 내용을 잘 이해하지 못하고 있는

외고 문제 해결을 위해 5회 연속 토론회를 거쳤고, 이 과정으로 정부의 외고 입시정책에 큰 변화가 왔다.

데도 문제의 정답은 맞춘다는 것이다. 이처럼 본래부터 정확한 입시 정보에 근거하지도 않았으면서 외고 입시를 지렛대 삼아 과장되어 있던 로드맵은 이제 근본적으로 수정되지 않을 수 없게 되었다. 교육 당국이 우리 단체가 앞장서서 추진하고 요구한 정책 제안을 상당 부분 수용하여 외고를 비롯한 특목고 입시 전형 방법을 크게 개선했기 때문이다.

우리 단체는 그동안 과열 사교육의 진원지인 외고 문제를 우선 해결하기 위해 힘을 모았다. 5회 연속 국민 대토론회를 개최하고, 끈질기게 실효성 있는 정책 대안을 연구하여 제시했다. 그 결과 2011년도 특목고, 자사고, 자율고 등 입시제도 개선안이라는 첫 번째 결실을 맺었다. 외국어고, 국제고, 과학고뿐 아니라 14개 자율고, 자사고 등에도 적용되는 이 '자기주도학습 전형'은 학원들이 강조해온 영어 사교육 로드맵을 무력화시켰다고 평가할 수 있다.

과연 무엇이 어떻게 달라졌을까? 2011년도 입시 전형안의 주요 내용을 살펴보자. 먼저 중학교 내신 성적 외에 별도의 필기시험을 금지시켰고, 그동안 교과 지식을 묻는 형태로 진행되었던 구술 면접과 적성검사를 폐지했다. 별도의 필기시험이 금지되었기 때문에 사교육에 의존할 수밖에 없었던 고난이도 영어 듣기 시험을 대비할 필요가 없으며, 중학교 생활기록부 성적 가운데 중 2, 3학년의 영어 내신 성적(점수와 등수가 없는 9등급제)만 제출하면 된다. 따라서 중 2, 3학년의 영어 성적이 9등급 가운데 1, 2등급이 되면 외고 진학이 가능할 것으로 보인다.

입학사정관들이 이 내신 성적과 학교장 추천서, 자기 학습 계획서, 독서 기록부 등을 토대로 면접을 통해 합격자를 선발하는데, 중학교 생활기록부를 비롯한 모든 제출 서류에 학교 밖 경시대회나 인증시험, 자격증 취득에 관한 내용을 일체 기입할 수 없게 하였다. 면접에서 학생이 경시대회 수상 실적이나 인증시험 성적 등을 암시하기만 해도 감점 처리하기로 했다.

그만큼 교육 당국의 의지가 매우 강력하다. 따라서 지금까지 외고를 대비하기 위한 특목고 전문 학원이나 영어 전문 학원의 단골 프로그램이었던 영어 경시대회 수상 실적, 영어 공인시험 성적, 영어 에세이와 토론 등을 위한 프로그램이 힘을 쓸 수 없게 되었다. 또 학교 성적을 중심으로 학생들을 선발하는 만큼 상대적으로 내신 관리에 어려움을 겪을 수밖에 없는 조기유학 경험자에게 불리한 구조가 되었다.

2011년 특목고, 자립[율]형 사립고 등 입시제도 개선안 주요 내용

- 학교 생활기록부(외고의 경우 중2, 3 영어 성적만 기재), 학습 계획서, 학교장 추천서를 기초로 자기주도적 학습능력 평가
- 각종 영어 인증시험, 경시대회 배제
- 입학사정관들이 서류와 면접을 활용해 심사(교육청 위촉 입학사정관 1명 이상 포함)
- 독서 기록, 학습 계획 등 자기주도적 학습능력 중심으로 면접 실시
- 필기고사 실시 금지, 교과 지식 묻는 구술 면접과 적성검사 폐지
- 중학교 생활기록부에 학교 외 각종 경시대회, 인증시험, 자격증 취득 사항 기록 금지

※ 위 내용은 외고 뿐 아니라 자율고, 자사고 등에도 적용됨. 단, 서울 지역 자율형 사립고의 경우 교과 성적 평균 50% 이내 지원자 중 추첨 선발함.

외고 입학 전형

- 1단계 : 중학교 영어 성적

    (영어 성적은 점수 및 석차 기재 없이 등급으로 표기)

- 2단계 : 1단계 점수 + 면접 점수

    (면접시 제출하는 학습 계획서에 지원 동기, 자기주도학습 경험, 학습 및 진로 계획, 독서 경험 등 포함)

면접은 학생들이 제출한 서류를 토대로 자기주도학습 능력을 평가하는 방식으로 진행된다. 여기에는 교육청에서 위촉한 입학사정관이 한 명 이상 꼭 참석하도록 되어 있는데, 이 사정관은 면접이 새 전형안의 취지에 맞게 진행되는지를 감독하는 역할을 한다.

면접의 내용도 사교육을 통해 대비하기가 매우 까다로울 것으로 보인다. 예를 들어 "학생이 가장 감명 깊게 읽은 책에 대해 이야기해보세요." 하는 문제를 던지고 꼼꼼하게 체크하면 실제로 책을 깊이 읽지 않은 아이들은 표가 나게 마련이다. 이처럼 학교 성적과 자기주도학습의 중요성을 높이고, 이른바 사교육을 통한 스펙의 수요를 차단한 것이 새 입시 전형안의 특징이다.

외고 입학 전형의 변화에서 가장 중요한 사항 가운데 하나는 2010년부터 학과별 모집을 한다는 점이다. 과거에는 일괄적으로 학생을 선발한 뒤에 입학 성적순으로 희망하는 학과에 배치했지만, 이제는 처음부터 학과별로 지원을 하게 되었다.

그리고 교과부는 외고가 설립 목적에 부합하는 교육 과정을 운영하지 않고 입시 위주의 교육을 한다는 비판을 수용하여, 현행 42단위(전문 교과의 50%) 이상인 전공 외국어 이수 단위를 2011년부터 확대한다고 발표했다. 따라서 이제부터는 해당 언어에 대한 적성과 흥미를 고려하지 않고, 단순하게 외고가 입시에 유리할 것이라는 생각으로 지원하는 것은 입시 전략의 관점에서도 잘못된 판단이 될 가능성이 높아졌다.

"외고에 갈 필요 있나요?"
흔들리는 특목고 전문 학원들

"외고 입시 정책이 바뀐 후 '외고에 갈 필요 있나요?'라는 질문을 부쩍 많이 받습니다. 최상위권 학생들이 가야 할 입시 명문고라는 믿음이 흔들리고 있는 것이지요. 입학사정관제를 통해 편법으로 우수 학생을 끌어 모으려 해도, 교육청에서 파견된 입학사정관이 선발 과정을 지켜보고, 사교육 영향 평가를 별도로 하기 때문에 쉽지 않을 것입니다. 면접 때 참고하는 학습 계획서나 독서 이력 등도 사교육 기관이 관리해주기 쉽지 않습니다."

입시 교육의 최전선에 서 있는 이해웅 ㈜타임교육 하이스트 대입연구소장의 말이다. 새로운 고교 입시제도가 확정되면서 무엇보다 사교육 업체들이 당황하여 허둥대고 있다. 특히 특목고 입시 전문 학원이 받은 타격은 이루 말할 수 없이 크다. 입시에서 중학교 내신 성적 말고는 점수로 제출하는 평가 요소가 사라졌기 때문에 학원에서 별다르게 상품화할 것이 없고, 시험용 스펙의 효용성이 떨어져서 그 지독하던 인증시험, 경시대회 열풍도 가라앉았다. 당연히 수강생이 줄었고, 매출액이 30% 가까이 급감하여 경영 압박에 시달리는 대형 학원들이 줄을 잇고 있다.

사교육 전문가들은 새로운 고교 입시안의 영향으로 외국어고 듣기 시험과 심층 면접을 대비하던 사교육은 퇴출될 것이라고 말한다. 토익(TOEIC), 토플, 텝스 같은 공인 인증시험 대비반이나 스펙을 쌓기 위한 영어캠프도 큰 타격을 받을 것이고, 과학고 입시를 대비한 경시대회반이나 올림피아드반도 대폭 축소될 것으로 전망하고 있다. 사교육 업체 관계자의 이야기를 들어보자.

"그동안 외국어고 대비 학원들은 지나치게 난이도 높은 영어 듣기에 의존했다고 할 수 있어요. 그런데 외고 입시에서 영어 듣기, 에세이, 인터뷰, 인증시험 점수가 제외됐기 때문에 이런 프로그램을 주로 운영했던 전문 학원들은 타격이 클 겁니다. 실제로 1,000명대의 외고 합격생을 배출했던 어느 학원은 강남 본원을 철수했습니다. 현재로서는 입학사정관 전형을 대비해서 기존 프로그램을 대체할 만한 상품성을 갖춘 프로그램을 구성하기 힘들기 때문입니다. 외고, 과고, 자율고 모두 사교육업체에서 상품을 구성할 수 없는 방식으로 전형이 개선되었습니다. 특목고 대비 학원의 경우, 자기주도학습 전형 때문에 이제 뭔가 해볼 도리가 없는 것이 현실입니다. 특목고 입시 전문 학원들은 많은 어려움을 겪을 거예요."

이 같은 시장의 변화에 따라 그동안 영어를 중심으로 한 특목고 대비 프로그램을 운영했던 사교육업체들은 영어 교과의 내신 관리와 입학사정관 전형을 대비한 컨설팅(독서 이력, 진로 계획 등 포트폴리오 관리)으로 사업의 초점을 바꾸고 있다. 하지만 여기서도 전처럼 높은 수익을 창출하기는 쉽지 않을 것으로 보인다.

내신이 등급제로 전환되었어도 입시에서 차지하는 영어 내신의 비중이 오히려 커졌기 때문에 외고 지망생들의 내신 성적 경쟁은 여전히 치열할 것이고, 사교육의 수요도 계속 존재할 것이다. 하지만 내신 평가 방식에서 서술형 시험이 점차 확대되어 자리를 잡으면, 내신 대비 사교육도 위축될 가능성이 높다. 서술형은 단답형에 비해 사교육 효과가 적고, 학원에서 강사와 프로그램을 준비하기도 어려워서 수익성이 악화되기 때문이다.

사교육업체들은 발 빠르게 입학사정관 전형에 대비하는 12년 로드맵이라는 것을 내놓고, 초등 저학년 때부터 영어 독서를 포함한 독서 이력 등을 체계적으로 관리하는 것이 필요하다고 홍보하고 있다. 그러나 이것은 공교육에서 체계적인 독서 지도와 진로 지도가 이루어지지 않는 상황을 틈타 학부모들에게 불필요한 불안감과 부담을 안기는 일일 뿐이며, 실제 입학 전형 요강과는 동떨어진 홍보다.

교과부가 제시한 학습 계획서의 독서 경험 관련 질문은 '본인이 읽은 책 중 중요하게 생각하는 두 권을 선정하여 내용과 감상을 적어주십시오(600자 이내, 대리 작성 혹은 표절시에는 0점 처리)'와 같은 것이다. 일부 사교육 업체가 주장했던 것처럼 오랜 기간에 걸쳐 쌓아온 독서 이력 전반을 평가하는 것이 아니라 학생의 진로나 적성과 관련하여 의미가 있었던 책

두 권의 내용과 감상을 적으라는 것이다. 이런 시험은 학원 사교육의 틀 안에서 대비하기 힘들고, 굳이 그렇게 할 필요도 없기 때문에 입학사정관 전형 대비 사교육이 학부모들의 큰 호응을 얻기는 쉽지 않을 것으로 보인다.

외고에 안 가더라도
영어는 중학교 때 끝내야 한다?

외고 입시에서 공인 인증시험 점수를 반영할 길이 막혀버렸는데도 학원들은 다른 이야기를 한다. 대학 입시와 나아가 사회에서의 치열한 경쟁에서 살아남기 위해서는 진짜 영어 실력이 필요한데, 공인 영어 인증시험 성적이 그러한 실력을 나타내는 기준이 된다는 것이다. 따라서 외고 진학 여부와 별개로 고교 진학 이전에 영어를 수능 수준 또는 그 이상으로 마스터해야 한다고 부모들을 설득한다. 그렇게 공부해놓으면 고교 진학 이후 내신과 수능 준비를 할 때 영어 외의 과목에 집중할 수 있다는 것이다. 쉽게 말해서 '공부한 것이 어디로 가겠느냐?'는 논리다. 그리고 나아가 글로벌 리더로 성장하려면 학교 수준을 뛰어넘는 영어 공부가 필요하다고 강조한다.

물론 고교 진학 전에 영어 실력을 향상시킨다면, 외고 진학 여부와 상관없이 내신과 수능 등 대입 경쟁에서 유리할 수 있다. 하지만 '빡센' 공부를 통해 단기적으로 영어 실력을 어느 정도 향상시키는 것일 뿐, 아주 뛰어난 경우가 아니라면 어린 시기에 자녀의 의지나 능력과 상관없이 사교육을 통해 인위적으로 영어 실력을 끌어올리는 데는 분명 한계가 있다. 사실 이때의 영어 실력도 진정한 의미의 실력이라기보다 고난이도 문제를 푸는 능력일 가능성이 크다.

무엇보다 과도한 사교육은 자신이 정말 필요하다고 느낄 때 흥미를 갖고 스스로 집중할 수 있는 힘마저 잃어버리도록 만들기 때문에 장기적으로는 자녀의 영어 실력 향상에 해로울 수 있다. 그리고 설사 과도한 학습 부담을 소화해서 영어 실력을 끌어올릴 수 있다고 해도 이를 위해 정작 초·중학생 시기에 경험해봐야 하는 것들을 놓쳐버리는 선택이 과연 올바른 것인지도 신중하게 생각해봐야 한다. 어린 시기에 그 정도의 학습을 소화할 수 있는 학생이라면 이후 학습 적기에 공부를 하는 것이 효율적이다.

공인 인증시험에서 고득점을 받아놓으면 대학 입시에서 유리하다는 주장 역시 상당 부분 과장되어 있다. 대학 입시에서 공인 인증시험 점수로 당락을 결정하는 전형이 있는 것은 사실이지만, 이런 전형이 전체에서 차지하는 비율은 적다.

우리 단체가 2010년 6월에 서울 소재 7개 대학의 입학 전형을 조사한 자료에 따르면 수시 전형에서 공인 인증시험 성적으로 지원 자격을 제한하는 전형은 고려대학교 국제학부(45명), 서강대학교 알바트로스 국제화(98명), 한양대학교 국제학부(45명) 정도다. 이런 전형에서 지원

자격으로 요구하는 영어 성적은 보통 iBT 토플 100~110점 이상 정도이며, 토익이나 텝스에서 요구하는 점수도 같은 수준이다.

그런데 이 성적은 영어 실력이 뛰어난 학생도 국내의 학교 영어교육만으로는 쉽게 얻을 수 있는 점수가 절대 아니다. 따라서 유학이나 외국 생활 경험이 있는 경우를 제외하면, 모집 인원도 많지 않은 이런 전형을 대비하기 위해 공인 인증시험 준비에 몰두하는 것이 입시 전략 차원에서 과연 타당한 것인지 생각해봐야 한다.

이밖에 점수로 지원 자격을 제한하지는 않지만 공인 인증시험 점수 제출이 지원 자격에 포함되어 있는 전형들이 있다. 연세대학교 글로벌 리더(600명), 이화여자대학교 국제학부(70명) 같은 전형이 이에 속하는데, 연세대학교의 글로벌 리더 전형은 모집 인원이 많지만 이는 공인 인증시험 점수를 요구하는 전형이라기보다 외국어고 졸업생을 우대하기 위한 전형임을 알아야 한다. 외고생의 경우에도 여러 지원 자격 가운데 하나일 뿐이기 때문에 시험 점수가 반드시 필요한 것은 아니다.

외고에 대한 대학의 부당한 우대와 외국어 인증시험에 대한 과도한 요구는 크건 작건 반드시 바로잡아야 할 일이지만, 그것 때문에 어려서부터 외국어 인증시험을 준비해야 한다는 말은 지나치다.

학원이 글로벌 리더 운운하는 것은 사교육을 유발한다는 사회의 따가운 시선을 피하기 위해 내세우는 명분에 지나지 않는다. 도대체 세계 어느 나라가 미래의 글로벌 리더를 키우기 위해 어린 학생들을 하루에 몇 시간씩 되는 암기 위주의 영어 공부와 경쟁 시스템에 밀어넣겠는가?

 **그럼 어떻게 하죠?**

하나. 본격적으로 특목고 입시를 준비하는 중3 이전에 영어를 끝내고, 공인 인증시험 고득점을 목표로 공부해야 한다는 학원의 영어 로드맵은 매우 과장되어 있기 때문에 따를 필요가 없습니다. 특히 2011년 고교 입시 전형안에 따라 이런 학원의 주장은 힘을 잃게 되었습니다. 별도의 필기시험이 금지되었기 때문에 고난이도 영어 듣기를 대비할 필요가 없으며, 면접에서 공인 영어 인증시험 성적을 말하거나 암시하면 오히려 감점 요소로 작용합니다.

둘. 외고 입시 등을 핑계 삼아 암기 중심의 강도 높은 학습을 지향하고 시험 성적에 따라 철저하게 레벨을 관리하는 영어학원은 피해야 합니다. 자녀에게 무리한 학습 부담과 스트레스를 주고, 학습 태도에도 악영향을 끼치기 때문입니다.

셋. 자녀가 어학에 관심이 있고, 친구나 선생님 등 주변 사람들로부터 소질이 있다고 인정받은 경우라면 외고 진학을 검토해보십시오. 이전처럼 높은 수준의 영어 인증시험을 요구하는 것이 아니고, 외국 체류 경험이 반드시 필요한 것도 아닙니다. 영어 내신 성적을 1, 2등급 정도 유지하고, 꾸준히 독서하여 읽은 것을 자신의 말과 글로 조리 있게 표현할 수 있다면 얼마든지 지원할 수 있습니다.

넷. 일부 대학교가 부채질하고 있지만 외고 졸업생만이 글로벌 인재가 되는 것은 결코 아닙니다. 미래사회에 필요한 글로벌 인재는 지식을 활용하는 능력과 이질적인 문화에서 소통하는 능력, 그리고 자기 스스로 살아가는 자율적 능력을 갖춘 사람들(미래사회 핵심 역량, OECD 보고서)입니다.

다양한 아이들과 함께 섞여서 공존하며 남들을 배려하고 스스로 자기 삶을 개척하는 실력을 갖춘다면, 외고 출신이든 일반고 출신이든 삶에는 불편이 없습니다. 오히려 공부를 잘하는 아이들끼리 모여 있는 공간에서는 이질적인 문화 속에서 소통하는 능력을 키우기가 어려울 수도 있습니다.

우리집이 달라졌어요
영어, 정말 헛짓했다!

정성희 (교사, 경기 | 안양시 동안구)

9살, 6살 두 딸을 키우는 직장맘입니다. 제가 사적인 자리에서 늘 하는 소리가 있는데, 대한민국에서 아이 둘을 키우며 직장 다니는 여자가 세상에서 가장 힘들다는 것이에요(물론 메아리로 끝날 때가 많습니다).

둘째를 낳고 육아 휴직을 신청하여 2년 반 정도 쉬면서 같은 아파트에 사는 큰아이의 유치원 동기생 엄마들과 친하게 지냈습니다. 직장만 다니다가 하루 종일 집 안에서 '뺑뺑이'를 돌다 보니 이웃 엄마들의 지도 조언이 정말 막강한 영향력을 발휘하더군요. 밥도 같이 먹고 여행도 같이 가고 일상생활의 많은 부분을 공유하면서 나중에는 큰아이에게 각종 사교육을 시키기에 이르렀습니다. 지역 복지관에서 동화 구연, 이웃 아파트에서 종이접기, 한글 교육 학습지, 피아노, 수영, 발레 등……. 마침 그 무렵 남편이 6개월 동안 파견 근무를 나가 있어서 아이와 더욱 밀착된 면도 있었지요.

큰아이가 2월생입니다. 초등학교 입학 시기가 닥쳐 막상 학교에 보내려고 하니 아이가 어려 보여 영 마음이 안 놓였습니다. 결국 다음해에 보내기로 결정했지요. 유치원은 학교를 보낼 생각으로 한 살 빠르게 보냈는데 유예시키고 나니 이미 마친 유치원 7세 과정을 다시 다닐 수도 없고, 초등학교 병설유치원은 학령기여서 받아주지 않고, 혼자서 우왕좌왕했습니다.

그 무렵 영어 몰입교육 광풍이 불어 닥쳤습니다. 영어를 못 하면 더 이상 세상에서 제 자리 잡고 살아갈 수 없을 것 같은 심각한 분위기가 엄마들 사이에 퍼졌습니다. 영어가 단시간에 이뤄지는 것도 아니고, 부모세대가 영어에 치인 설움을 아이에게 물려줄 수 없는 불안감도 있었던 차여서 이 기회에 영어유치원을 보내봐야겠다는 생각이 들었습니다. 그나마 숙제가 적고 재미있게 가르친다는 영어 전문 학원의 유치부를 몇 개 골라 사전 조사를 마친 뒤 집 가까운 곳을 골라 보냈습니다.

그후 초등 1, 2학년 때까지 같은 영어 전문 학원을 보내다가 올여름에 접었습니다. 그런데 3년을 다녔는데도 집에서 아이가 숙제하는 것을 지켜보면 내용을 이해하지 못하고 의미도 파악하지 못하는 것 같은데, 학원 상담을 받아보면 가끔씩 하는 테스트 결과와 작문 등의 포트폴리오를 보여주며 아이가 잘 하고 있다는 말만 듣고 오는 겁니다. 겉으로 스트레스 징후가 보인다거나, 아이가 학원 그만 다니고 싶다고 직접 말한 것은 아니지만 "나는 영어를 제일 못해"라고 말하는 소리를 가끔 듣곤 했지요. 아무리 생각해도 이건 아니다 싶었습니다.

'등대지기학교' 이병민 교수님의 강의를 들으면서야 정말 헛짓했다는 확신을 했습니다. 그동안 아이가 얼마나 힘들었을지 생각하니 정말 미안했습니다. 영어 몰입교육 광풍에 휩쓸린 저의 교육 가치관 부재도 부끄러웠습니다. 아이의 행복이 가장 중요하다는 말을 실천하는 것만이 속죄하는 길인 것 같습니다.

10 성적을 올려놓으면 진로 선택에 유리하지 않을까요?

❝ 다양성이 존중되는 서구 사회라면,
저도 공부를 싫어하는 아이에게 억지로 공부시키고 싶지 않아요.
하지만 대한민국에서 공부 말고 다른 길이 있나요?
일단 공부해서 좋은 대학을 나와야
자기가 하고 싶은 일을 하며 살 수도 있는 거죠.
좋은 대학 못 나오면 고소득의 안정된 직업을 가질 수 없고,
그러면 평생 불안해하며 어렵게 살아야 하니까요.
학생 시절에 몇 년 고생해서 평생 편할 수 있다면,
그 길로 인도하는 것이 부모의 당연한 도리가 아닐까요?❞

어느 부모가 이 말을 부정할 수 있을까? 사랑하는 자녀가 학교를 졸업한 이후에 적어도 노동 시장에서 소외받지 않고 당당한 사회인으로 자리 잡아가는 데 도움을 주려는 부모의 마음은 다 같을 것이다. 학창 시절, 입시 공부에 주력하게 하는 것도 나름의 합리성을 가진 선택이다. 한국 사회에는 엄연히 학벌주의, 학력주의 문화가 존재하기 때문이다.

이것이 한국 학부모의 교육열을 촉발하는 핵심 요인이다. 그 교육열은 자연스럽게 사교육 시장으로 확장된다. 2009년에 전국 초·중·고 1,012개교 학생과 학부모 약 7만 4,000명을 대상으로 한 사교육 의식 조사에서, 응답자들은 사교육을 증가시키는 원인으로 '기업체 채용 등에서 출신 대학 중시'를 가장 많이 지적했다. 두 번째로 지목한 것은 '대학의 성적 우수 학생 선발 경쟁'이었고, 세 번째로는 '심각한 대학 서열화 구조'를 꼽았다. 좋은 대학을 나와야 좋은 일자리를 얻을 수 있기 때문에

"좋은 대학을 나와야 좋은 일자리를 구할 수 있잖아요"
— 사교육 증가 원인 (단위 : 5점 척도)

순위	내용	점수
1	기업체 채용 등에 있어 출신 대학이 중요하기 때문에	4.15
2	대학에서 성적 우수 학생 선발 경쟁에 치중하기 때문에	4.05
3	대학 서열화 구조가 심각하기 때문에	4.02
4	주요 대학이 수능·논술고사 등 시험 위주로 학생을 선발하기 때문에	4.00
5	내신을 더 잘 받아야 대학 진학에 유리하기 때문에	3.95

※ 출처 : 2009년 사교육비 조사 결과 분석, 통계청, 2010. 2. 23

좋은 대학에 보내려 사교육에 투자하고 있다는 것이다.

"사교육 과열을 해소할 수 있는 가장 효과적인 정책이 무엇이냐"는 질문에 학부모들은 '학벌보다 능력 중심의 기업 채용 방식 확산'을 선택했다. 그 외에 학생과 학부모를 대상으로 한 의식 전환 캠페인 전개, 교과부·시도 교육청·학교 등의 입시 정보 제공, 기초 학력 부진 학생 책임 지도 등을 대책으로 꼽았다.

이 사교육 의식 조사 결과는 중요한 점을 시사한다. 학부모들은 노동 시장과 대학의 서열화 상황을 보면서 그것에 대처하기 위한 전략으로 사교육을 활용하고 있는 것이다. 그래서 아이가 싫어해도, 이따금 고된 공부에 시달리는 아이가 안쓰러워도, 눈 질끈 감고 학원에 가라며 등을 떠미는 것이다.

이에 따라 사교육비는 해마다 증가하고 있다. 2009년 전국 초·중·고 학생의 사교육비 전체 규모는 21조 6,000억 원으로 추정된다. 2008년에는 20조 9,000억 원, 2007년에는 20조 400억 원으로 매년 증가했다. 사교육 시장은 통계에 잡히지 않는 영역도 적지 않다는 점에서, 현대경제연구원은 사교육비 규모를 33조 이상으로 추정하는 연구 보고서를 제출하기도 했다.

이런 지표들은 고통스러운 한국 교육의 자화상을 보여준다. 과도한 사교육은 학생뿐 아니라 부모들도 고통스럽게 만든다. 가용 자원을 자신들의 노후 대비나 윤택한 삶을 위해 투여하는 것이 아니라 자식의 사교육비에 쏟아야 하기 때문이다. 특히 고령사회의 문턱에서 자녀의 사교육비 때문에 노후 설계에는 손을 놓고 있는 대다수 가정의 미래는 매우 불안하다.

조진표 와이즈멘토 대표이사는 "부모들이 지금처럼 사교육비를 쏟아붓다가는 70세에 자산 제로 상태에 이른다"고 경고한다. 그의 말을 들어보자.

"우리가 어느 신문사와 함께 중산층의 교육비가 노후에 얼마나 부담이 되는지 조사해보았습니다. 그 결과 아빠 나이 60세가 되면 유동 자산이 바닥나는 것으로 나왔습니다. 자산 감소 현상이 계속 일어나는 것이지요. 그리고 아빠 나이 70세가 되면 자산 제로 상태에 이릅니다.

이 문제를 해결하는 데는 두 가지 방법이 있습니다. 70세가 넘어서도 생계를 위해 계속 일하는 방법이 한 가지이고, 또 한 가지는 자녀들이 부모님을 모시는 겁니다. 그런데 그때가 되면 자녀가 부모를 모시지 않는 문화가 일반화될 것이기 때문에 이건 적절한 해법이 되지 못하지요. 대한민국 기대 수명이 계속 늘어나고 있으니, 70세 넘어 자산 제로 상태에서 얼마나 지내야 할지 계산이 나오지 않는 것입니다."

자녀의 안정된 미래를 위해 노후 설계 자금까지 아낌없이 사교육에 투자하는 부모들. 눈물겹기까지 한 우리의 자화상이다.

그런데 자녀의 미래에 대한 학부모의 투자가 정말 올바른 전략에 기초했을까? 아이들의 미래를 설계하면서 15년, 20년 뒤 자녀 세대가 맞을 세상의 변화를 제대로 통찰하고 있을까? 세상은 격변하는데, 부모들이 변화하는 미래의 흐름과 정보를 읽지 못함으로써 스스로 경험한 낡은 삶의 방식을 아이들에게 적용하는 우를 범하고 있는지도 모를 일이다.

채용 시장이 변하고 있다

"우리 학교에서 신임 교사 채용 공고를 냈더니, 이른바 스펙 좋은 후보들의 원서가 밀려 왔습니다. S대 출신으로 학과 성적이 매우 우수한 실력자가 왔는데, 그 사람은 탈락시켰어요. 이유가 뭔지 아세요? 원서 내는 날 그 사람의 아버지가 함께 와서 관여하는 거예요. '아, 저 사람에게 우리 학생들을 맡겼다가는 스스로 공부하는 법을 모르는 의존적인 사람으로 만들겠구나' 싶었습니다."

"기업의 인재 채용 방식에 변화가 일고 있습니다. 스펙 좋은 사람을 뽑는 것에서 창의적 인재, 자기주도적 능력을 갖춘 인재를 뽑는 것으로 방향이 전환하고 있어요. 이런 사람들이 있어야 회사가 글로벌 경쟁에서 살아남을 수 있기 때문이죠. 기업이 제일 싫어하는 대상은 사교육에 찌들어 자기주도적 능력을 갖추지 못한 사람입니다."

경기도 수원의 J중학교 박은철 교장과 삼성경제연구소 류지성 선임연구원의 말이다. 이들의 이야기는 한마디로, 학교건 기업이건 새로운 사람을 채용할 때 성적이 아닌 그 무엇을 더 중요하게 본다는 것이다.

정말로 '좋은 직장'들은 이른바 '좋은 대학' 순서로 사람을 뽑을까? 대졸자들이 매우 선호하는 직장으로 알려진 공기업들의 최근 채용 실태를 들여다보자.

2005년부터 2008년까지 4년 동안 한국수자원공사 합격자의 출신 대학은 부산대, 한양대, 경북대 순이었다. 서울대는 8위, 고려대는 11위에 머물렀다. 한국전력공사는 같은 기간 동안 전남대, 경북대, 고려대, 연세대 순으로 인력을 채용했고, 서울대는 6위에 머물렀다. 공기업이나 언론사의 입사 전형은 보통 1차 필기시험과 2, 3차 실제 능력 평가로 진행되는데, 1차에서 학벌 중심 채용 관행이 사라졌기 때문에 이 같은 결과가 나온 것이다.

비단 공기업만의 변화는 아니다. LG전자는 2009년 신입사원 채용 때 서울대를 졸업한 지원자 500명 가운데 100명을 탈락시켰다. 그 이유는 '전공 불일치'였다. 외형적 학벌보다 해당 업무를 잘 해낼 수 있는 전문성을 지녔는지를 더 중요하게 본 것이다. 또 전경련이 500대 기업을 대상으로 한 설문 조사에서, 기업들이 서류 전형에서 가장 중요한 요소로

"학벌 중심의 채용 관행은 옛말이에요"
— 2005~2008 공기업 신입사원 채용 현황

한국수자원공사		한국전력공사	
대학별	합격자 수	대학별	합격자 수
부산대	62	전남대	90
한양대	55	경북대	86
경북대	46	고려대	70
부경대	42	연세대	64
전남대	34	부산대	63
영남대	33	서울대	46
조선대	31	부경대	44
서울대	27	광운대	42
동아대	25	영남대	39
경희대	23	강원대	37
고려대	23	충북대	37
울산대	21	조선대	34
전북대	19	서울산업대	30
중앙대	18	창원대	22
충남대	17	경상대	21
금오공대	12	단국대	21
		울산대	16
		순천대	13

※ 출처 : 한나라당 강용석 의원실 자료

보는 것은 전공(79%)인 것으로 나타났다. 학력은 55%에 머물렀다.

기업들은 이미 새로운 사람을 채용할 때 그 사람의 출신 대학이 아니라 실제 업무에 적용할 수 있는 지식과 역량을 얼마나 가지고 있는가에 중점을 두고 있다. 글로벌 경쟁 환경 속에서 기업이 원하는 인재상과 채용의 기준이 빠르게 변하고 있기 때문이다.

부모 세대가 사회생활을 시작하던 때에는 기업들이 학벌을 최우선 요소로 본 것이 사실이다. 학벌에 A⁺ 정도의 중요도를 두었다면, 능력은 C 정도였을 뿐이다. 기업들이 학벌을 중시한 데는 대략 세 가지 이유가 있었다. 인적 자본론과 선별 이론, 사회적 자본이 그것이다.

인적 자본론이란 한마디로 공부를 잘했기 때문에 좋은 대학에 들어간 것이고, 이들은 매우 영리하고 똑똑한 인재들이어서 일도 잘하고 생산성이 높을 것이라는 생각이다. 선별 이론은 대학 졸업장을 하나의 신용장으로 보는 관점이다. 특정 대학 출신이라면 영리함과 성실함을 가졌을 것이며, 앞으로 주어진 업무를 성공적으로 수행할 가능성이 높다고 보는 것이다.

그리고 사회적 자본은 인맥을 중시하는 한국 사회의 특성을 반영한 개념이다. 사회적 자본은 인맥 관계를 통해 기업이 얻을 수 있는 유무형의 이득이다. 기업은 언론, 입법, 사법, 행정, 관련 기업 등 수많은 주체들과 관계를 맺어야 한다. 그런데 이미 특정 대학 출신들이 각 분야에서 요직을 차지하고 있으니, 특정 대학 출신을 많이 뽑으면 인맥 접촉을 쉽게 할 수 있는 가능성이 높아진다는 것이다.

그런데 지금은 학벌 B⁺, 능력 B⁺ 정도로 능력의 비중이 높아졌다. 대기업들은 지원자의 출신 학교보다 실제 역량을 평가하는 전형 방식을 강화하고 있다. 그리고 기업들이 주목하는 역량은 인성과 사회성, 창의력, 문제 해결력, 의사소통 능력 등이다. 이렇게 학벌 중시 경향이 감소하다

보면, 자녀 세대가 사회에 나올 무렵에는 학벌 C, 능력 A⁺ 정도로 기준이 뒤바뀔 가능성이 높다. 진미석 한국직업능력개발원 선임연구위원의 말을 들어보자.

진미석 한국직업능력개발원 선임연구위원. 급변하는 사회의 흐름 속에서 채용 시장이 실무 능력을 경력직을 선호하는 방향으로 바뀌어가는 현상을 명료하게 정리한다.

"지금 감소되는 일자리가 상당합니다. 일자리가 점점 늘어나는 게 아니라 줄어드는 시대입니다. …… 여기서 얻을 수 있는 메시지는 사교육이라도 더 열심히 시켜서 좋은 대학에 보내야만 취업이 가능하다는 얘기입니다.

그런데 기업체를 대상으로 조사해보면, 스킬이나 전공지식에 대한 불만보다 기본적인 태도나 소양, 자기주도적 능력 같은 것들에 대한 불만이 상당합니다. 사교육에 의존하고 부모에 의존해서 성장해온 젊은이들의 전반적인 역량이 떨어진다고들 말합니다. 대기업을 대상으로 조사했을 때 그런 결과가 나옵니다.

최근 들어 신입사원 입사에서 학력의 중요성이 상대적으로 감소하고 있습니다. 회사에 들어와 일할 수 있는 능력을 가진 사람을 최대한 우선적으로 선발하려고 합니다.

요즘 기업 채용의 중요한 특징은 실무 능력 있는 경력직을 훨씬 선호하는 쪽으로 가고 있습니다. 경력직은 당장 실무에 투입할 수 있기 때문에 학력보다는 무조건 능력을 우선으로 봅니다. 이전 같으면 기회조차 얻지 못했을 비명문대 출신도 경력을 쌓아가다 보면 좋은 기회를 얻을 수 있습니다."

채용 시장에서 능력을 더욱 중시하고 있다는 증거는 신입사원보다 경력직을 채용하는 비율이 압도적으로 높아진 것으로도 알 수 있다. 1996년도에는 대졸 신입사원 채용과 경력직 채용 비율이 6:4로, 기업들이 대졸 신입사원을 더 많이 채용했다. 하지만 2004년도에 오면 그 비율이 2:8로 역전되어 경력직 채용 비율이 압도적으로 늘어난다. 일에 숙달하기까지 시간과 비용이 많이 드는 신입사원보다 경력직을 선호하는 것이다. 경력직을 뽑는다는 것 자체가 학벌보다 능력 위주로 채용한다는 것을 의미한다.

다음 표에 나타난 지식기반사회에서 요구되는 기초 능력, 직업 기초 능력은 최근 기업에서 요구하는 인재상과 유사하다. 과거 기업이 필요로 했던 인재, 곧 순응적이고 주어진 업무를 충실히 해내는 사람은 빠르게 변화하는 지금 사회에서는 더 이상 인재로 여겨지지 않는다. 지식기반사회에 필요한 기초 능력은 새로운 문제 상황을 잘 해결할 수 있는 능력과 창의적인 지식, 정보를 창출하는 능력이다. 빠르게 변화하는 상황에 적절하게 대처하고 적응하는 것이 가장 핵심적인 능력이 된 것이다. 류지성 삼성경제연구소 교육혁신센터장의 이야기를 들어보자.

"최근 기업이 요구하는 인재의 핵심 능력이에요"
— 지식기반사회가 요구하는 기초 능력

일반 기초 능력	직업 기초 능력
언어 구사력 · 수리력 창의적 사고력 문제 해결력 자기 관리 능력	한정된 자원 활용 능력 대인관계 능력 정보 활용 능력 시스템 관리 능력 공학기술 활용 능력

※ 출처 : 〈지식기반사회의 지식 인력 양성을 위한 대학 교육의 방향에 관한 연구〉, 김수욱, 2003

"찍어내는 인재로는 기업이 생존할 수 없어요. 이것은 산업구조를 봐도 알 수 있어요. 사실 우리 한국 기업은 그동안 패스트 팔로우(past follow)였거든요. 1등은 선진국 기업들이 다 가지고 있고 우리는 그것을 쫓아가는 상황을 말하는데, 그때는 1등이 하는 것을 보고 닮으면 됐어요. 그냥 어느 정도 수준이 되는 범용형의 인재를 계속 찍어내면, 그 친구들이 어느 정도 수준은 되니까 남들 하는 것을 그냥 복사해서 따라갈 수 있었죠.

그런데 지금 한국 기업들 가운데는 세계 1, 2위 하는 기업이 상당수 있고, 더군다나 1등을 하는 기업들은 더 이상 외부에 모델이 없잖아요? 그러니까 우리가 새로 만들어야 하거든요. 예를 들어 삼성전자는 1위니까 남들이 하지 않는 것을 해내야 하는데, 그건 붕어빵 찍듯 찍어내는 인재로는 할 수 없어요."

류지성 센터장에 따르면, 삼성은 매년 7,000~8,000명 정도 직원을 뽑는데 출신 대학을 따져보면 대략 100여 개가 넘는다. 서류 전형시 출신 대학은 보지 않으며, 학점과 영어 점수가 일정 기준이 되면 누구나 지원할 수 있다. 지원자들은 SSAT라는 삼성직무적성검사를 치르는데, 문제 해결 능력, 창의성, 논리력, 추리력 등을 평가하는 시험이다. SSAT를 통과한 지원자들은 인터뷰를 하고, 여기서 통과하면 신입사원으로 채용된다.

한번은 삼성에서 이런 통계를 내본 적이 있다고 한다. 현재 근무하는 직원들의 인사고과 성적과 입사 때의 인터뷰 성적, SSAT 성적, 대학 학점의 상관관계를 살펴본 것이다. 그 결과 인사고과와 상관관계가 높은 것은 인터뷰, SSAT였다. 학점은 의외로 상관관계가 그리 높지 않았다.

류 센터장은 또 삼성의 간부와 임원급에는 출신 대학이 매우 다양하게 고루 분포되어 있다고 말한다. 회사의 문화에 잘 적응하고 탁월한 성과를 내는 사람을 중심으로 승진을 시키다 보니, 직급이 올라갈수록 출신 대학 비율이 매우 다양해진다는 것이다. 이러한 흐름은 앞으로 더욱 강화될 것으로 예상된다.

"부장급에서 성과가 좋고 능력이 있는 사람들을 선발해서 임원을 시키는데, 임원을 시키기 전에 대상이 되는 사람들을 뽑아서 임원 교육을 미리 합니다. 그래서 그 풀(pool)이 제일 중요한 풀이라고 볼 수 있죠. 재미있는 것은 그 풀에 정말 많은

빠르게 변화하는 글로벌 사회가 필요로 하는 인재상에 대해 설득력 있게 정리하여 들려준 류지성 삼성경제연구소 교육혁신센터장.

대학 출신들이 고루 분포되어 있다는 거예요. 이른바 SKY가 눈에 띄기는 하지만 절대적으로 많지는 않아요. 앞으로 계속 그렇게 될 거라고 생각해요."

지금 한국 기업들은 글로벌 경쟁 체제에서 1, 2위를 다투며, 더 이상 모방할 것 없이 새로운 것을 창조해야 하는 위치에 올라 있다. 그래서 주입식 교육에 길든 인재가 아니라 창의적 사고를 하는 인재를 요구한다. 학벌과 스펙보다는 단단한 실력을 갖춘 인재를 찾고 있고, 이 발굴 과정의 효율성을 극대화하기 위한 시도를 하고 있는 것이다.

직업의 판도가 변하고 있다

이런 질문을 한번 던져보자. 지금 고소득 전문직으로 꼽히는 변호사, 의사, 한의사, 교사가 우리 아이들이 한창 활동할 시기인 15년, 20년 뒤에도 계속 안정된 직업일까?

지금 우리 사회의 중요한 트렌드 가운데 하나는 '자격증의 안정성 약화' 현상이다. 전문직이 쇠퇴하고 있는 것이다. 현재 변호사 자격을 가진 이들 가운데 40% 이상이 연봉 3,000만 원 이하다. 변호사는 이미 한 번 자격을 취득하면 평생 고소득을 올리는 꿈의 직종이 아닌 것이다. 또 '개변휴업'(개업해도 일이 없는 변호사)이라는 말이 생길 정도로 개업 변호사들 사이에도 '부익부 빈익빈' 현상이 심화되고 있다. 2009년 4월 기준으로 개업 변호사 수가 9,500명을 넘어 '변호사 1만 명 시대'를 앞에 두고 변호사의 사회적·경제적 위상이 흔들리고 있는 것이다.

의료 시장에서 자본의 싸움이 본격화되면서 의사들의 사정은 더욱 어렵다. 2009년 4월 15일자「매일경제신문」은 "개원의 46%가 빚, 월 이자 평균 250만 원"이라고 보도했다. 개업한 의사들 가운데 46%가 부채를 가지고 있으며 평균 부채 금액은 3억 9,159만 원, 월평균 이자는 251만 원이라고 한다. 동네 의원을 개원하려면 평균 5억 3,893만 원이 필요한데 수익성이 없어서 대부분 채무자로 전락하고 있다는 이야기다.

한동안 각광받았던 한의사는 어떨까? 몇 해 전부터 한의사는 이미 공급 과잉 상태에 달했다. 2008년 11월 20일자「한의신문」의 기사에 따르면, 2010년에 2,961~4,077명의 한의사가 과잉 공급될 전망이라고 한다.

현재 최고의 직업 안정성을 자랑하는 교사는 어떨까? 교직은 이미 인력 수급 불균형 상태에 빠져 있고, 상황은 점차 악화될 것으로 보인다. 만약 장차 안정된 직업을 가지게 하려는 마음 하나로 아이에게 교육대학이나 사범대학 진학을 권하는 부모가 있다면, 당장 생각을 바꾸는 것이 현명하다.

현대사회를 설명하는 지식기반사회, 정보화 사회, 후기 산업사회 같은

> **"현재 잘 나가는 직종의 위기"**
>
> - '개변휴업' 지난 4월 기준 전국 개업 변호사 수가 9,500명을 넘는 등 '변호사 1만 명 시대'를 눈앞에 두고 변호사들 사이에 '빈익빈 부익부' 현상이 가속화되어… (「조선일보」, 2009. 7. 17)
>
> - "한의사 수 공급 과잉" 2010년에 2,961~4,077명의 한의사 과잉 공급… 2020년에는 2,016~3,650명의 한의사 과잉 공급 전망 (「한의신문」, 2008. 11. 20)
>
> - "개원의 46%가 빚… 월 이자 평균 250만 원" 의사 46.1%가 부채를 가지고 있으며 평균 부채 금액은 3억 9,159만 원, 월평균 251만 원의 이자를 지출해… 동네 의원 개원시 평균 5억 3,893만 원 필요하나, 수익성 없어 대부분 채무자로 전락 (「매일경제」, 2009. 4. 15)

표현은 급격한 변화를 수반한다는 공통점을 갖고 있다. 그리고 개인에게는 이러한 변화에 적극적으로 대응할 수 있는 적응력을 갖출 것을 요구하고 있다.

빠른 사회 변화 속에서는 현재 많은 사람들이 그 직종에 진입하기 위해 치열한 경쟁을 벌이고 있다고 해서 10년 뒤에도 그럴 것이라는 보장은 없다. 공무원과 교직이 현재는 매우 인기 있는 직종이지만, 20년 전만 해도 그렇지 않았다. 실제로 한국직업능력개발원이 제시한 장래 고용 현황이 좋은 20개 직업과 발전 가능성이 높은 20개 직업에 교사와 공무원은 포함되지 않았다. 부모는 아이의 진로와 관련해서 이 같은 직업 세계의 역동적인 흐름에 주목해야 한다.

하지만 몇 가지만은 분명하다. 사회 변화가 더욱 급속도로 진행될 것이며, 이에 따라 직업 구조의 변화도 그 폭과 깊이가 지금까지와는 비교할 수조차 없는 수준으로 진행될 것이라는 점이다.

따라서 고용 관행도 크게 변할 수밖에 없다. 평생 직장은 이미 옛말이 되었고, 이제는 평생 직업이라는 말도 위협받고 있다. 평균 수명이 80~90세에 이르는 고령사회에서 한 사람이 평생 한 가지 직업에만 종사한다는 것은 어려운 일이기 때문이다.

미국 에라노바 연구소의 리처드 샘슨 소장에 따르면, 15년 뒤에는 한 사람이 29~40개의 직종을 선택하며 살게 될 것이라고 한다. 또 오래지 않아 정치인이나 경찰 등은 사회복지사로 전환되고, 대기업은 거의 사라지며, 프리랜서와 1인 기업이 대부분을 차지하게 될 것이라고 예측했다.

박영숙·박세훈은 《미래직업 대예측》(매일경제신문사, 2006)에서 앞으로는 직장인들이 더욱 분권화된 팀별로, 더욱 소규모인 전문 회사에서 일하게 될 것으로 전망했다. 아울러 기업 고용 문화의 다변화와 평생교육이 보편화되면서 평생 직종과 평생 직장은 사라질 것이라고 전망했다. 그 대신 변화하는 기술에 따른 훈련과 적응이 평생을 통해 지속되며, 신기술에 적응하는 사람들만이 일자리를 구하게 될 것이라고 예측하고 있다.

여기서 질문을 던져보자. 앞으로 우리 아이들이 이른바 명문대를 나와 30세 이전에 고소득 전문직이나 대기업에 안착하면 평생 안정된 삶이 보장될까? 이 같은 사회 변화 속에서 과연 안정된 직장, 평생 잘나가는 직업이라는 것이 존재하기는 할까?

한국직업능력개발원의 자료에 따르면, 미래사회의 인재란 변화하는 직업 세계에서 버틸 수 있는 튼튼한 기초 역량을 가진 사람이다. 그리고 그 기초 역량으로 의사소통 기술, 비판적 사고력, 정보 활용 능력, 자기 관리 능력, 학습에 대한 긍정적 자세 등을 꼽는다. 이처럼 아이들이 사회 활동을 하며 살아갈 세상에서는 창의적이고, 다양한 관점을 융합할 수 있는 평생 학습자가 인재로 요청될 것이다.

그렇다면 부모는 지금 아이들의 미래를 제대로 준비하고 있는 것일까? 초등학교 시절부터 사교육에 의존해 단순 반복 학습을 하는 아이들이 과연 사회의 변화를 성찰하고 자신의 삶과 조직, 사회를 이끌 수 있는 주도성과 창의성, 문제 해결력을 키울 수 있을까? 급변하는 지식을 따라잡는 데 필수적인 기초 소양과 역량을 과연 성적 위주의 입시 공부를 통해 기를 수 있을까?

이 같은 본질적 문제에 대한 성찰과 경각심 없이 내 아이를 오로지 학과 공부에만 집중시키는 것은 단지 대학 입학까지만 생각할 뿐, 그 이후 60~70년 동안 이어질 아이의 긴 생애를 방치하는 근시안적인 태도가 아닐 수 없다.

미래 지향적인 진로교육이 필요하다

우리는 아이가 초등 저학년일 때까지는 소질과 잠재능력을 발굴하여 키워주기 위해 예체능교육을 시키거나, 다양한 체험활동을 하게 한다. 그러나 고학년이 되면 대부분 교과 학습에 주력하도록 시킨다. 성적 경쟁에 매달리는 주변의 압도적인 분위기에 편승하는 것이다.

모두가 입시와 학습 경쟁에 매달리는 환경에서 입시와 학습에 대한 정보는 넘쳐나는 반면, 자녀의 잠재력과 관심사를 발굴하고 키워주는 데 필요한 노하우나 정보는 매우 취약하다. 그래서 약간의 관심을 가지고 있던 부모들조차 이내 포기하고 성적 경쟁의 대열에 동참한다. 그 결과는 어떤가? 학습에 재능이 있는 소수 아이들만 경쟁에서 우위를 차지하고, 다수의 아이들은 다양한 능력이 잠재되어 있음에도 그것을 발휘하지 못한 채 학습 경쟁에서 낙오자가 되고 있다.

이제는 우대받는 직업순이나 성적순으로 학과를 선택하고 사회에 진출하는 오랜 관성을 깨뜨릴 때가 되었다. 아이가 가진 능력과 재능을 탐색하는 과정과 각 직업이 요구하는 능력을 탐색하는 과정을 서로 긴밀히 연결시켜, 내 아이에게 꼭 맞는 진로를 안내하는 데 관심을 기울여야 한다. 누구나 원하는 10여 개의 직종(레드오션)이 아니라 다양한 인재를 기다리고 있는 2만여 개의 직업(블루오션)으로 시야를 넓혀야 한다.

우리 교육의 새로운 주제로 부각되고 있는 진로교육에 대해 와이즈멘토 조진표 대표의 안내를 받아보자. 그는 우리가 아이들의 진로와 관련하여 주어야 할 가장 중요한 가르침은 "눈앞의 안정성에 기대지 말고, 네가 정말로 좋아하는 일을 찾아라"는 것이라고 말한다.

"열심히 하는 것으로 충분하던 시대는 지났습니다. 이제 사회적 성공은 자신의 일을 진정으로 즐기는 사람에게만 찾아옵니다. 즐기는 것, 적성에 맞는 것, 좋아하는 것과 잘하는 것을 동시에 만족시켜주는 일을 찾아야 하는 거죠. 어려서부터 견문을 넓히고 자기만의 꿈을 키워온 아이들이 이 일을 찾을 가능성이 높습니다."

이렇게 강조하는 조진표 대표는 '다섯 명의 아이 이야기'로 진로교육의 가치를 설득력 있게 들려주었다. 그 이야기를 요약해 소개한다.

"여기 다섯 명의 아이가 있습니다. 이 아이들은 모두 100의 능력을 가지고 태어났습니다. 어떤 아이는 학습 능력에 100을 가졌고, 어떤 아이는 여러 가지 능력에 각각 10씩의 힘을 가지고 있습니다. 그런데 우리는 한 가지 능력을 기준으로 아이들을 판단해왔습니다. 오로지 학습 능력 하나로 아이들을 바라보는 것입니다.

A가 학습 능력 100인 아이라면 장차 학자가 되면 되겠지요. B가 학습 능력 90, 사회성 5, 손재주 5인 아이라면 의사 같은 직업을 가지면 좋겠고요. 그런데 문제는 A가 의사가 된다는 것입니다. 이러면 학자도 잃고 의사도 잃는 것이지요.

C는 학습 능력이 70, 미술 능력이 30이라고 합시다. 이런 아이들은 고등학교 2학년 때까지는 학습 능력을 발달시키는 게 좋고, 3학년 때 미술 지도를 받아서 시각디자인과 같은 곳에 진학하면 좋습니다. D는 학습 능력 30 미술 능력 70인 아이로, 이 아이는 일차적으로 미대까지 준비시키는 게 중요합니다.

E는 학습 능력 25, 사회성이 75인 아이라고 합시다. 사회성 좋은 아이들은 조직에 가입하고 싶어 하는 특성이 있어요. 이 점을 살려서 사회단체 활동에 참여하고, 그것을 나중에 포트폴리오에 쓰면 입학사정관 전형에서 도움을 얻을 수 있습니

다. 그런데 지금 우리는 A부터 E까지 모든 아이를 학습 능력 기준으로 지도하고 평가합니다.

E가 A의 길을 따라가려면 얼마나 힘들까요? 우리 아이들은 각자 가야 할 길이 다르고, 해야 할 일이 따로 있습니다. 그런데 부모들이 다 A의 길만을 원하고 있으니 사교육 비용이 올라갈 수밖에 없고 C, D, E 아이들은 누적된 실패의 경험을 안고 사회에 던져지게 되는 것입니다."

올바른 진로교육은 무분별한 사교육에서 벗어나는 좋은 방법이 된다. 자신의 진로에 대한 구상과 고민을 하는가 그렇지 않은가, 하는 문제가 아이들의 생활 변화나 학습 욕구에 큰 영향을 미치기 때문이다.

실제로 미래의 직업이나 진로에 대한 전망을 갖지 못한 아이들에게 학습 성과를 기대하는 것은 장기적으로 지속되기 어렵다. 그래서 성적과 등수를 높이는 데 초점을 맞추는 공부에 몰입해서는 궁극적으로 좋은 대학에 들어가기가 어려운 것이다. 그리고 혹시 그것이 가능하다 해도 그 과정에서 진로에 대한 깊은 고민이 부족했기 때문에 자신에게 꼭 맞는 학과와 직업을 선택하기가 어렵다. 겉으로 주어진 기회는 넓어질지 몰라도 아이의 내적 기준이 취약한 탓에 올바른 진로 선택의 폭은 오히려 좁아지는 것이다.

이제 아이가 원하는 미래를 마음껏 상상하게 하면서, 그 호기심이 공부를 이끌어가도록 해보자. 그러면 적성에 맞는 진로 선택과 학업 성취라는 두 마리 토끼를 다 잡을 수 있을 것이다. 장성아 씨와 박혜영 씨, 두 선배 학부모의 이야기를 차례로 들어보자.

"부모들은 이렇게 말합니다. '일단 좋은 성적을 받아라. 좋은 성적을 얻으면 선택할 수 있는 직업의 폭이 넓어진다.' 그러나 그렇게 공부해서 막상 직업을 선택할 때가 되면 아이는 자신이 정말 좋아하고 끌리는 것, 자신에게 맞는 삶이 무엇인지 모릅니다. 기회는 넓어졌지만 올바른 선택은 못하는 것이죠."

"성적으로 닦달하기보다 아이가 원하는 미래를 끊임없이 제시하고 상상하게 하면서 그 열망이 아이의 공부를 이끌어가도록 하는 것이 현명합니다. 진로에 대한 흥미와 도전의식이 있으면, 미래 직업에 도달하기 위한 학습 목표를 향해 아이들 스스로 노력하게 되죠. 부모는 그 길을 열어주기만 하면 됩니다. 그러면 둘 다 얻는 것이죠."

그럼 어떻게 하죠?

하나. 우리가 사교육을 시키는 이유는 대부분 아이의 성적을 올려서 명문대에 입학시키기 위해서입니다. 그러나 아이의 인생은 대학 입학으로 끝나는 것이 아닙니다. 오히려 그때부터 본격적으로 자기 인생의 출발점에 서게 되는 것이지요. 그러므로 사교육을 시키더라도 아이의 진로와 직업에 도움이 되는지 끊임없이 자문해야 합니다. 당장의 성적을 올리는 것만을 목적으로 삼지 말고, 아이의 진로와 직업에 도움이 되는 사교육인지 아닌지 진로의 관점에서 사교육을 바라보아야 합니다.

둘. 사회의 변화가 워낙 심해서 직업의 부침이 엄청난 속도로 진행될 것입니다. 자녀가 사회에 나가게 될 10년, 20년 후에는 부모 세대가 선호했던 직업이나 현재 잘나가는 직업들의 상황이 어떻게 바뀔지 알 수 없습니다. 그래서 부모의 과거 경험과 현재의 평판을 중심으로 진로 지도를 하는 것은 아주 위험한 일입니다.

특히 현재 잘나가는 직업군이라 하면 손가락으로 꼽을 수 있을 만큼 적은데 그 10여 개의 직업군 속에서 자녀의 진로를 찾으려다 보면 적성에 맞지 않는 일을 강요하기 쉽습니다. 앞으로 사회의 변화 추이에 따라 직업 세계가 어떻게 달라질지 주목하면서 미래 지향적으로 진로 지도를 해야 합니다.

셋. 경제적으로 안정되고 고소득이 보장되는 직업이라 해서 모든 사람에게 좋은 직업이라고 말할 수는 없습니다. 그 직업과 자신의 적성, 재능이 맞을 때 좋은 직업이라고 할 수 있지요. 적성과 재능에 맞지 않는 직업을 선택한 후 다시 방향을 선회하게 되면 그때까지 투자한 시간과 돈, 노력은 되찾을 수가 없습니다.

부모가 자식에게 줄 수 있는 최고의 선물은 자녀가 적성을 잘 찾아 계발하도록 도와주는 것일 뿐, 그 이상의 것은 없습니다. 자신이 하고 싶은 일을 발견하도록 돕는 일에 집중하세요. 아이가 평소 어떤 활동에 관심이 있는지, 어떤 일을 가장 신나고 재미있게 하는지, 인간관계는 어떠한지, 어떤 과목을 가장 좋아하는지 등을 세심하게 관찰하고 이해할 필요가 있습니다. 이를 토대로 한 격려와 조언으로 아이가 특성과 강점을 발전시켜 나가도록 도와주어야겠지요.

넷. 좋은 일자리를 생각할 때 적성과 재능 외에 직업을 통한 '사회적 기여'도 매우 중요한 기준이 됩니다. 자기 재능을 살려서 사회에 기여한다는 의식은 봉사하는 마음으로 일하게 만들고, 이것은 돈으로 바꿀 수 없는 깊은 성취감과 보람을 줍니다.

NGO 단체나 사회적 기업뿐 아니라 일반 기업도 기업의 사회적 공헌에 대한 요구를 인식하고 있기 때문에 그런 의식이 있는 사람들을 갈수록 더 중시한답니다. 또한 경제적 가치보다 사회적 기여를 더 높은 기준으로 품고 살 때, 행복지수가 훨씬 올라가며 실질적인 전문성도 더 높아집니다. 멀리 보면 돈만 밝히는 사람보다 더 이익이 된다고 할 수 있지요.

다섯. 아이가 장래 직업에 관해 관심을 갖게 되는 중학교 단계에서는 진로 적성검사 같은 것을 실시해서 더욱 체계적인 진단과 상담을 받아보는 것도 좋습니다. 학교에서 하는 것도 있지만, 사회단체와 진로 상담 기관을 이용해 검사를 받아보세요. 그리고 이를 아이가 자신의 적성과 진로에 대해 깊이 생각해보는 계기로 활용하세요. 그리하여 무엇을 준비하는 것이 좋은지, 고등학교와 대학교 진학은 어떻게 해야 하는지, 진로와 관련해 본격적으로 고민해볼 수 있게 도와주세요. 다만 검사 결과에 완전히 의존하기보다 평소 스스로 느끼거나 부모가 관찰하였던 것과 비교해보면서 진로 탐색의 참고 자료로 활용하는 것이 좋겠습니다.

여섯. 진로 지도시 부모가 해야 할 역할 가운데 하나는 아이가 폭넓고 구체적인 진로 정보를 접하고, 다양한 직업 세계를 직·간접적으로 체험하도록 돕는 일이죠. 신문, 방송 등 언론 매체를 접할 때 사람들의 직업과 살아온 경로를 눈여겨보고, 필요한 정보를 스크랩해서 자녀와 대화해보세요. 그리고 진로에 대한 관심을 이끌 독서와 체험의 기회를 제공해주세요. 자신의 영역에서 성공한 사람들의 체험에 대한 간접 경험은 아이에게 훌륭한 자산이 됩니다.

우리집이 달라졌어요
엄마, 93점이 그렇게 좋아?

김선희(교사, 경기 성남시 분당구)

지금 돌이켜보면 초등 2학년인 큰아이가 다른 아이들처럼 엄마가 시키는 대로 눈물을 머금고 자신을 길들여가는 순한 아이가 아니어서 참으로 다행스럽습니다. 녀석의 집요한 저항이 아니었다면 둘째도 형처럼 너무나 소중하고 애틋한 유년기를 학원에서 보내야 했을지도 모를 일이니 말입니다.

사교육걱정없는세상을 만나 새로운 교육관을 정립한 뒤 우리 집은 사교육을 접었습니다. 아이의 학교 성적은 상대적으로 좋지 않습니다. 지난 중간고사에서 수학을 93점 맞았다기에 진심으로 칭찬하고 기뻐했더니 아이가 "엄마는 93점이 그렇게 좋아?"라고 물었습니다. 저는 "그럼, 1학기 때보다 훨씬 잘했잖아. 게다가 90점이 넘었다는 것은 네가 배운 것을 거의 모두 이해했다는 뜻이니까 더 기쁠 수밖에"라고 대답해주었지요.

하지만 아이의 얼굴은 여전히 어두웠습니다. "난 그렇게 잘한 것 같지 않아"라며 풀이 죽어 말하더군요. "그래? 좀더 잘하고 싶었구나. 엄마도

도와줄게 실망하지 마"라고 다독였지만 속으로는 '녀석, 참 욕심이 많군' 하고 생각했습니다.

며칠 뒤 아이가 속한 학년의 수학 평균이 95점이라는 말을 들었습니다. 아마도 아이 나름대로 주변 친구들의 성적에 비추어 자신의 점수를 상대적으로 평가했던 모양입니다. 엄마가 바른 의식을 가지려 해도 아이들이 속한 세상에서 겪게 되는 어려움은 오롯이 그들의 몫인가 봅니다. '그 안에서 아이도 살아가는 법을 배워나가겠지'하며 지켜보는 자세를 유지하기 위해서는 다시 한 번 내공을 쌓아야 하겠습니다.

오랜만에 큰아이가 한동안 즐겨 부르던 동요「꼴찌를 위하여」의 한 구절이 떠오릅니다.

"…… 보고픈 책들을 실컷 보고, 밤하늘에 별님도 보고, 이 산 저 들판 거닐면서 내 꿈도 지키고 싶다. 어설픈 1등보다 자랑스러운 꼴찌가 좋다. 가는 길 포기하지 않는다면, 꼴찌도 괜찮을 거야."

호기심이 충만해 늘 보고 싶은 책이 많고 자연 속에 푹 파묻혀 탐구하기를 열망하는 아이. 그러다 보니 남들 다 하는 공부는 뒷전인 아이의 입에서 처음 이 노래를 들었을 때 움찔 놀랐습니다. 노랫말 속의 녀석이 어찌나 큰아이와 닮아 있던지……. 아이도 그것을 아는지 음절 하나하나에 힘을 주어 호소력 있게 부르더군요.

사교육걱정없는세상을 만나기 전, 저는 아이의 입술을 통해 들려온 그 노랫말이 괜스레 가슴 아프게 느껴졌습니다. 우리 시대가 '루저'라 말하는 삶을 선택하는 자신의 처지를 스스로 위로하기라도 하는 듯 비쳤기 때문입니다. 그러나 이제 그 노랫말이 너무나 듣기 좋습니다.

지금 아이들은 마치 '이렇게 키워도 괜찮을까?'라는 의문투성이의 실험대에 누워 있는 듯 보입니다. 실험은 실패하면 다시 시도할 수 있지만 인생은 단 한 번뿐이지요. 우리가 누려왔듯, 아이들에게도 자신의 삶을 선택할 수 있는 권리가 마땅히 보장되어야 합니다. 자신의 필요를 찾아 유년을 마음껏 누릴 수 있도록 놓아주는 것이야말로 부모가 아이들을 위해 해내야 할 가장 값진 사랑의 표현 아닐까요.

■ 닫는 글

꿈이 무엇이든
공부가 우선이다?

"얘들아, 꿈이 무엇이든 공부가 우선이다."

2010년 10월 22일, 수도권 시청 청사 부근을 지나다 발견한 현수막 문구입니다. 학원 수강생 모집 광고인데, 문구가 섬뜩했습니다. 일단 공부를 잘해놓고 꿈은 그 다음이라는 이야기. 아이들에게는 부끄러워서 차마 이야기할 수 없는 현실의 논리를 아예 대놓고 드러내놓은 무식한 용감함이 놀랍고 어이없었습니다. 이런 잘못된 진로 관점이 지금 학교와 학원, 아니 가정에서 공공연히 유통되며 아이들의 가슴을 유린하고 있습니다.

정말 꿈보다 공부가 우선일까요? 선택지를 넓히기 위해 진정으로 원하는 꿈을 유보하고 점수 따기 공부에 올인 하면 나중에 원하는 꿈을 이룰 수 있을까요?

> **1 일등급(국,수,과)학원**
> **애들아, 꿈이 무엇이든 공부가 우선이다.**

그렇지 않습니다. 선택지는 넓어질 수 있겠지만 꿈은 잃어버릴 가능성이 큽니다. 꿈을 찾는다는 것은 몰입해보는 것이에요. 자신이 원하는 것에 '몰두'해보고, 그 속에서 자기를 알아가고, 학교 공부의 방향을 잡고, 삶을 이끌 동력을 찾는 것입니다.

물론 그렇게 몰두하고 몰입하는 순간 잠시 점수 관리라는 틀이 흔들릴 수 있습니다. 그러면 부모들은 아이가 좋은 학교, 좋은 일자리를 얻을 수 없다고 불안해하고, 아이가 꿈을 좇아 흔들리는 것을 지켜보는 게 힘들어집니다. 점수와 등수를 얻는 대가로 포기한 꿈…….

더 이상 낡고 케케묵은 방식의 메시지로는 우리 아이들을 행복하게 해줄 수 없습니다. 미래 사회가 요구하는 것도 아니고요.

이 책을 읽고 나서 마음속에서 들리는 소리는 무엇인가요? '사교육비를 절약하는 알찬 정보'를 따라 지혜롭게 우리 아이들을 지도해야겠다는 일침 아닐까요. 이 책이 말하고자 하는 바를 아래와 같이 간략히 요약했습니다. 다시 한 번 훑어보십시오.

1. "학원에 보냈더니 성적이 오르던데요?"

학교 시험 대비 전과목 종합학원은 삼가세요. 성적이 단기적으로는 오를지 몰라도 혼자 공부하는 습관을 방해하기 때문에 결국은 해로워요.

2. "아이가 원해서 학원에 가는 것도 문제가 되나요?"

취약한 과목이 있으면 인터넷 강좌(혼자서 공부가 가능한 경우)를 듣든지 개인 교습(혼자 가능하지 않은 경우)을 일시적으로 활용하세요.

3. "학교와 달리 학원은 개별 지도를 하잖아요"

레벨 테스트를 통해 세분화된 분반 시스템 아래 맞춤형 수업이 이뤄질 것 같지만 학원의 수익 구조상 불가능한 일임을 분명히 알아야 해요.

4. "맞벌이 가정은 학원 외에 대책이 없어요"

취약한 과목이 있으면 보충 차원에서 두 과목 이내에 한해 (학원) 사교육은 받을 수 있지만, 그 이상이 되면 학교 공부를 복습할 시간이 부족해요. 복습이 성적 향상에 가장 중요하답니다.

5. "선행학습이 학교 진도 나갈 때 효과 있지 않나요?"

남보다 진도 더 빨리 나가기 경쟁을 하지 마세요. 차라리 학교에서 배운 내용을 복습하는 것이 훨씬 나아요. 굳이 학원에 보내야만 한다면, 진도 경쟁이 덜한 곳을 선택하세요.

6. "수학은 어려운 과목이라 선행학습이 필요하겠죠?"

수학처럼 어려운 과목일지라도 평상시 학원에서 선행학습을 하면 좋지 않아요. 방학 중 활용하는 다음 학기 예습 정도면 충분합니다. 물론 그때도 이전 학기에 배운 내용을 제대로 이해한 상태여야 해요.

7. "영어교육은 빠를수록 좋은 것 아닌가요?"

조기 영어교육에 부담을 갖지 마세요. 우리 말과 글 능력도 갖추어지지 않은 이른 시기에는 조기 영어교육이 오히려 해롭지요. 초등 3학년 이후부터도 충분해요. 학교 진도를 따라가며 엄마표 영어 또는 회화 중심의 영어학원을 이용해보세요.

8. "요즘 초등학생들의 단기 조기유학이 필수라던데요"

단기 조기유학은 귀국 후 아이의 자신감을 떨어뜨릴 수 있습니다. 정말 보내야겠다면 독립심이 생기는 고교 졸업 이후로 미루세요. 또한 학습 강도가 높은 고액 국내외 영어캠프는 영어에 대한 흥미를 반감시킬 수 있으니 주의하세요.

9. "외국어고에 가려면 학원의 로드맵을 무시할 수 없잖아요?"

아이의 현재 실력으로 따라잡을 수 없는 무리한 진로(특목고 등)를 설정해서 아이에게 부담을 지우지 마세요. 역효과만 초래합니다.

10. "성적을 올려놓으면 진로 선택에 유리하지 않을까요?"
성적과 등수가 아니라 미래 직업에 대해 관심과 의욕을 갖게 하세요. 그것이 공부에 대한 흥미와 의욕을 생기게 하는 가장 좋은 길이에요. 또한 사교육에 의존하는 타율적인 학생은 기업이 갈수록 기피한다는 사실을 명심하세요.

그러나 그 소리만 들립니까? 아니에요. 입시에 '필요한' 사교육일지라도 궁극적으로는 이것마저 없어져야 한다는 소리 즉, 이런 사교육을 요구하는 입시 경쟁의 고통이 사라져야 한다는 소리도 들릴 것입니다. 이것은 우리가 수많은 사교육 정보를 캐내고 분류하고 이 책에 담아내는 과정 속에 품고 있던 소망이었습니다. 그 소망까지 느꼈다면 이 책을 온전히 이해한 셈입니다. 물론 어떻게 우리 아이들이 그런 세상을 만들 것인가, 꿈이 있는 공부에 전념하도록 어떻게 진로 지도를 할 것인가의 문제는 또 다른 과제겠지요(부분적으로 다루기는 했지만). 그것은 또 다른 차원의 운동으로 풀어낼 것입니다.

그러나 그 새 운동이 아니더라도 이 책을 통한 변화는 결코 가볍지 않습니다. 이 책의 내용에 공감하여 우리 단체가 전개하는 '사교육 걱정 없는 세상을 꿈꾸는 우리집' 문패 달기 운동에 동참하고 책에 담긴 정보를 이웃과 나누게 되면, 우리 속에서 새로운 변화가 찾아올 것입니다. 내 아이를 지킨다고 생각했는데 이웃과 이 소식을 나누는 순간, 지켜야 할 대상이 '내 아이'에서 '우리 아이들'로 확대될 것입니다.

무릇 세상의 변화는 평범한 사람들이 나의 이익을 지키는 데서 모두의 유익을 지키는 일로 관심이 옮겨지는 순간 시작되어왔습니다. 다들 풀기 어렵다고 생각한 입시 경쟁, 사교육 걱정도 문제의 본질은 거기에 있습니다.

한 시인은 우리 교육을 바라보며 "오래 황폐해졌던 이 땅 어디서나 순결한 꽃들 피어나고, 푸른 의의 나무가 가득한 세상 우리 함께 보리라"라고 노래했습니다. 우리의 땀과 수고가 결실을 맺어 그 노랫말이 실현되는 날이 꼭 올 것입니다.

아깝다 학원비!

지은이 | 사교육걱정없는세상

초판 1쇄 발행일 2010년 11월 22일
초판 11쇄 발행일 2015년 4월 20일

발행인 | 한상준
편집 | 김민정 · 이경민 · 이현령
표지디자인 | 양시호
본문디자인 | 디자인선재
종이 | 화인페이퍼
인쇄 · 제본 | 영신사

발행처 | 비아북(ViaBook Publisher)
출판등록 | 제313-2007-218호(2007년 11월 2일)
주소 | 서울시 마포구 연남동 567-40 2층
전화 | 02-334-6123 팩스 | 02-334-6126 전자우편 | crm@viabook.kr
홈페이지 | viabook.kr

ⓒ 사교육걱정없는세상, 2010
ISBN 978-89-93642-26-1 03370

- 이 책은 저작권법에 따라 보호받는 저작물이므로 무단 전재와 복제를 금합니다.
- 이 책의 전부 혹은 일부를 이용하려면 저작권자와 비아북의 동의를 받아야 합니다.
- 이 도서의 국립중앙도서관 출판시도서목록(CIP)은
  e-CIP홈페이지(http://www.nl.go.kr/ecip)에서 이용하실 수 있습니다.
  (CIP 제어번호: CIP2010004051)
- 잘못된 책은 바꿔드립니다.